◆ 使える表現 ◆ ▶02

A : 어디 아프세요?　　どこか具合がわるいんですか？
B : 괜찮아요.　　　　　大丈夫です.

A : 더 드릴까요?　　もっとさしあげましょうか？
B : 됐어요.　　　　結構です(十分です).

A : 이거 너무하지 않아요?　これ、あんまりじゃないですか？
B : 그러게 말이에요.　　　おっしゃるとおりですね.

A : 새로 생긴 식당 어때요?
　　新しくできたレストランはどうですか？
B : 그저 그래요.　　まあまあです.

A : 그 얘기 들었어요?　あの話ききました？
B : 무슨 얘기요?　　　何の話ですか？

A : 이 라면　맛있지 않아요?
　　このラーメンおいしいでしょ？
B : 글쎄요……　　そうですかねえ…

A : 우리 아들이 취직했어요.　うちの息子が就職しました.
B : 잘 됐네요. 축하해요.　　それはよかったですね.

A : 큰 사고가 났는데 아무도 안 다쳤대요.
　　大事故が起きたんだけど, けが人はいませんでした.
B : 그래요? 다행이네요.　よかったですねえ.(不幸中の幸い)

A : 아주 넓은 집으로 이사간다면서요?
　　とってもひろい家に引っ越すんだそうですね？
B : 누가 그래요? 거짓말이에요.
　　誰がそんなこと言ってましたか？　嘘ですよ。

A : 별거 아니지만 받아 주세요.
　　つまらないものですが受けとってください．
B : 뭘 이런 걸 다 사오셨어요?
　　まあ、こんなお気づかいまでいただいたの？

A : 아까 일을 생각하면 아직도 화가 나요.
　　さっきのことを考えるとまだ気持ちがおさまりません．
B : 그만 진정하세요.　　落ち着いてください．

A : 왜 그러세요?　　どうなさったんですか？
B : 아니, 뭐, 그냥……　　いや、ちょっと…

A : 뭐 찾으시는 거 있으세요?
　　何かお探しのものがありますか？
B : 그냥 좀 볼게요.　　ただちょっとみてるだけです．

A : 조심하세요!　　危ない！
B : 어, 깜짝이야.　　あ、びっくりした！

A : 좋은 아침!　　　　おはよう！
B : 좋은 하루 되세요.　　今日も一日良い日でありますように．

살짝 도전! 한국어 개정판 2

김순옥 · 한도 지즈코 · 최영미

하쿠스이샤

本書に収録された音声は、それぞれ該当箇所のQRコードからダウンロードして聞くことができます。また、白水社の下記のサイトからまとめて音声をダウンロードすることができます。QRコードに添えてある▶03などの数字はトラック番号を示しています。
https://www.hakusuisha.co.jp/news/n58772.html

表紙装画・挿絵：朴民宜、カット：中田真理子
音声ナレーション：金恩愛、李泓馥、元順暎、朴天弘
装丁：山本州・吉澤衣代（raregraph）
地図作成：株式会社アイ・ビーンズ

はじめに

　『最新チャレンジ！ 韓国語』で入門・初級を学んだ方、あるいは別の教科書で韓国語を学んだ方もいらっしゃることでしょう。本書はいずれの方も前提に、その次のステップとして作られた教材です。このたび、実際に教室でお使いになった先生や学習者のご意見を参考に改訂をいたしました。

　本文で扱っている会話は、そのまま使えるようシンプルながらも自然で生き生きとした表現をこころがけました。各課の文法項目は３つにしぼりました。「練習」「いってみよう」では言い換え練習や学んだ項目を応用できるよう工夫しました。リスニング問題もあります。各課の終わりには「できるかな？　チェックリスト」を設けました。各課の最終的なゴールが示されています。３課ごとには「ちょこチャレ」として長文の読解を含んだ応用問題も用意しました。皆さんが、実際に韓国語の表現に挑戦して、どんどんコミュニケーションなさることを願っています。

　会話スキットは、朝子さんが韓国に留学に行って、面接を受けるところから始まります。この設定にとまどう人がいるかもしれません。『最新チャレンジ！ 韓国語』では、韓国から留学に来た成珉さんと朝子さんが親しくなります。いっしょに映画を観に行ったり、食事をしたりしますが、成珉さんは急きょ就職のために帰国してしまいます。成珉さんとの出会いによって韓国語や韓国文化への関心をさらに強く持つようになった朝子さんは、韓国に留学することを決心しました。それを受けて、本書の第１課では韓国の留学先での最初の段階から始まり、友だちづくりや下宿探しへとつながっていきます。成珉さんとの再会は？　それはぜひ皆さんの想像力で補ってください。本書では、韓国での暮らしや出来事を通して、自然な会話表現が身につくことを目標としています。

　本書が皆さまのチャレンジにさらにお役に立てれば幸いです。

2017年3月

著　者

目　次

はじめに ……… 3

1課　お名前はなんとおっしゃいますか？　●インタビューする ……… 6

1　-(으)세요?　お〜ですか，〜でいらっしゃいますか〈うちとけた尊敬〉
2　-(으)면　〜たら〈条件・仮定〉
3　-(으)려고 해요　〜しようと思います〈意図・計画〉

2課　朝子といいますが，日本から来ました．　●自己紹介をする ………12

1　-인데　〜（なの）で，〜なんですが〈説明・紹介〉
2　-ㄴ/은 지　〜してから，〜して以来〈期間〉
3　-ㄴ/은 다음에／-기 전에　〜した後で／〜する前に〈動作の順序〉

3課　魚は焼かないでください．　●きまりを言う ………18

1　-아/어야 해요　〜しなければなりません〈義務〉
2　-(으)세요／-지 마세요　〜てください／〜ないでください〈丁寧な命令／禁止命令〉
3　-아/어도 돼요／(으)면 안 돼요　〜てもいいです／〜てはいけません〈許可／禁止〉

ちょこチャレ❶　●花火を見にいこうと思います． ………24

4課　ファンの集いに行くことにしました．　●約束をする ………26

1　-ㄴ/은＋名　〜な，〜い〈形容詞の連体形〉
2　-아/어서①　〜て，〜なので〈理由〉
3　-기로 했어요　〜することにしました〈決心・約束〉

5課　道を渡って左にずっと行ってください．　●道案内をする ………32

1　앞, 뒤, 오른쪽, 왼쪽　前, 後, 右, 左〈位置を表す語〉
2　-로/으로　〜で〈手段〉
3　-아/어서②　〜して（から）〈動作の順序・連結〉

6課　ファンの集いへ行ってみたんですけど…　●感想を言う ………38

1　-는　〜している〜，〜する〜〈動作・存在詞の現在連体形〉
2　-아/어 봤어요　〜してみました，〜しました〈試行・経験〉
3　-는데　〜なんだけれど〈物やできごとの状況説明・感想〉

ちょこチャレ❷　●スンデ炒めを食べてみました． ………44

4（사）

7課　少し安くしてください．　●買い物をする　　　………46

1　-아/어 주세요　～してください〈依頼〉
2　-아/어 보세요　～してみてください〈勧誘・アドバイス〉
3　-아/어 주시겠어요?　～してくださいますか〈より丁寧な依頼〉

8課　私の気持ちですから受け取ってください．　●プレゼントする　………52

1　-(으)니까　～だから〈理由・根拠〉
2　-네요　～ですねえ〈感嘆〉
3　-ㄹ/을 것 같아요　～そうです，～だろうと思います〈推測〉

9課　咳がひどくて眠れませんでした．　●体の具合を言う　………58

1　-(으)십니다／(으)십니까?　～でいらっしゃいます(か?)〈かしこまった尊敬〉
2　못 ~　～できない〈不可能〉
3　-(으)ㄹ 때　～のとき，～するとき〈時間・場合〉

ちょこチャレ❸　●いちど行ってみてください．　　　………64

10課　字幕を見ながら勉強しています．　●勉強のしかたを話す　………66

1　形-(으)ㄴ/動存는 편이에요　～な/するほうです〈傾向〉
2　-(으)면서　～しながら〈同時・並行動作〉
3　-는 것이 (=는 게)　～するのが〈事柄〉

11課　今日は来られないそうです．　●話を伝える〈間接話法〉　………72

1　形存-다고 했어요 ‖ 動-ㄴ/는다고 했어요　～だそうです〈間接話法〉
2　動形存-았/었다고 했어요　～だったそうです〈間接話法の過去〉
3　形存-대요 ‖ 動-ㄴ/는대요　～だそうです〈間接話法の縮約形〉

12課　久しぶりに来てみて，どうですか？　●思い出を話す　………78

1　-던　～していた～〈過去回想連体形〉
2　-아/어 보니까　～してみたら，～たら〈結果・発見〉
3　-아/어 지다　～くなる〈状態の変化〉

ちょこチャレ❹　●今では韓国の「情」を感じます．　　　………84

文法表　　用言の活用例ほか ………86
単語集　　（韓－日）………88　　　（日－韓）………97
ソウル市内地図、地下鉄路線図、カナダラ表

5（오）

1課 ● お名前はなんとおっしゃいますか？
이름이 어떻게 되세요?

インタビューする

선생님 : 안녕하세요? 이름이 어떻게 되세요?
아사코 : 저는 이노우에 아사코예요.
선생님 : 아사코 씨는 기숙사에서 사세요?
아사코 : 아니요, 지금은 친구 집에서 살아요.
　　　　하숙집을 구하면 이사할 거예요.
선생님 : 한국어 공부가 끝나면 뭐 하실 거예요?
아사코 : 나중에 대학원에 가려고 해요.
선생님 : 그러세요? 그럼, 열심히 공부하세요.

▶03

先生 ： こんにちは．お名前は何とおっしゃいますか？
朝子 ： 私は井上朝子です．
先生 ： 朝子さんは寄宿舎で暮らしていらっしゃいますか？
朝子 ： いいえ，今は友だちの家に住んでいます．
　　　　下宿が決まったら引っ越すつもりです．
先生 ： 韓国語の勉強がおわったら何をなさるつもりですか？
朝子 ： 後で大学院に行こうと思います．
先生 ： そうなんですか．じゃあ，がんばって勉強してください．

1課 일과

1 -(으)세요?　　お～ですか，～ていらっしゃいますか　〈うちとけた尊敬〉

尊敬の気持ちをこめて相手に尋ねる表現です．自分が主語のときには使えません．

用言の語幹末にパッチムがない場合　　-세요?
　　　　　　　　　　　　ある場合　　-으세요?
ㄹパッチム（＝ㄹ語幹）の場合　　　ㄹが脱落して -세요?

【練習1】質問に答えましょう．

例) A：어머니는 뭐 하세요?　お母さんは何をしていらっしゃいますか?
　　B：일본어를 가르치다 ⇒〈일본어를 가르치〉세요．日本語を教えていらっしゃいます．

① 병원에서 일하다　　② 보자기를 만들다　　③ 집에서 쉬다

【練習2】ヒントを使って答えてみましょう．

例) A：선생님이 어떤 음식을 좋아하세요?　先生はどんな料理がお好きですか?
　　B：선생님은〈일본 요리를 좋아하〉세요．先生は日本料理がお好きです．

① 선생님이 어느 나라 분이세요?
② 부모님이 어디에서 사세요?
③ 아버지가 주말에 뭐 하세요?

> ✓일본 요리를 좋아하다
> 　한국 분이다
> 　오사카에서 살다
> 　골프를 치다

 いってみよう　-(으)세요? を使って文を作り，
インタビューしましょう．

질문	친구 1	친구 2	친구 3
① 성함/어떻게 되다			
② 어디/살다			
③ 왜/한국어/배우다			
④ 주말/뭐/하다			

7 (칠)

2 -(으)면   ～たら   〈条件・仮定〉

✎「～なら」「～たら」という条件や仮定を表します．文末に過去形は使えません．

用言の語幹末にパッチムがない場合　　-면
　　　　　　　ある場合　　　　　　-으면
ㄹパッチムの場合　　ㄹが脱落せず -면

練習1 質問に答えましょう．　　　　　　　　　　　　▶06

例) A：언제 기분이 좋아요? いつ気分がいいですか?
　　B：친구를 만나다 ⇒〈친구를 만나〉면 기분이 좋아요.
　　　　　　　　　　　　友だちと会うと気分がいいです．

① 일이 빨리 끝나다　　② 선물을 받다　　③ 시험을 잘 보다

練習2 ヒントを使って自由に答えてみましょう．

例) A：시간이 있으면 뭐 하고 싶어요? 時間があれば何をしたいですか?
　　B：시간이 있으면〈영화를 보고 싶어요〉. 時間があれば，映画を見たいです．

① 다시 태어나면 뭐 하고 싶어요?
② 한국에 가면 어디를 여행하고 싶어요?
③ 돈이 생기면 뭐 하고 싶어요?

> ✓ 영화를 보다
> 　우주비행사가 되다
> 　경주를 여행하다
> 　세계 일주를 하다

💪 いってみよう　 -(으)면～요? を使って友だちにきいてみましょう．

수업이 끝나다/뭐 할 거다? ⇒ 수업이 끝나면 뭐 할 거예요?

질문	친구1	친구2	친구3
① 한국어를 잘하다/뭐 할 거다?	____	____	____
② 오늘 바쁘지 않다/뭐 하고 싶다?	____	____	____
③ 졸업하다/뭐 할 거다?	____	____	____

1課　일과

3　-(으)려고 해요　　～しようと思います　　〈意図・計画〉

動詞の語幹について，ある行為の意図や目的，計画を表します．

語幹末にパッチムがない場合	-려고 해요
ある場合	-으려고 해요
ㄹパッチムの場合	ㄹが脱落せず -려고 해요
ㄷ変則の場合	ㄷがㄹに変わって -으려고 해요

練習 1　週末の計画を言ってみましょう．

例) A：주말에 뭐 할 거예요?　週末に何をするつもりですか?
　　B：청소하다 ⇒ 〈주말에 청소하〉려고 해요．週末に掃除をしようと思います．

① 친구를 만나다　② 책을 읽다　③ 음악을 듣다〈ㄷ変〉　④ 집에서 쉬다

練習 2　メモをみて朝子さんの休みについて一緒に話しましょう．

例) A：아사코 씨는 어디에 갈 거예요?　朝子さんはどこに行くつもりですか?
　　B：〈한국에 가〉려고 해요．
　　　　韓国へ行こうと思います．

① 아사코 씨는 얼마 동안 여행할 거예요?
② 아사코 씨는 어디에서 숙박할 거예요?
③ 아사코 씨는 뭐 할 거예요?

〈아사코 씨 휴가 계획〉
✓한국에 가다
　1주일 동안 여행하다
　호텔에서 숙박하다
　쇼핑하다/친구를 만나다

いってみよう

友だちと休みの計画についてたずねあいましょう．

①〈성민 씨 휴가 계획〉	②〈마리 씨 휴가 계획〉	③〈○○ 씨의 휴가 계획〉
오키나와 3일 친구 집 스쿠버다이빙을 하다	서울 5일 호텔 친구를 만나다	

(1) 本文の会話（p.6）を聞いて質問に答えましょう.

① 선생님이 처음에 무슨 질문을 했어요?
② 아사코 씨는 지금 어디에서 살아요?
③ 아사코 씨는 한국어 공부가 끝나면 뭐 할 거예요?

(2) 下線部を入れ替えて会話してみましょう.

例) A: <u>어디에서 사세요?</u>
　　B: <u>신촌에서 살아요</u>.
　　A: 왜 <u>한국어를 공부하세요</u>?
　　B: <u>한국 회사에서 일하려고</u> 한국어를 공부해요.
　　A: 그러세요? 그럼, 열심히 공부하세요.
　　B: 네. 잘 부탁드립니다.

例)
어디에서 살다
신촌에서 살다
한국 회사에서 일하다

①
하루에 몇 시간 공부하다
4시간 공부하다
통역사가 되다

②
언제까지 한국에 있다
내년까지 있다　（계시다）
한국 소설을 읽다

(3) 音声を聞いて,（　）の中に書きいれましょう.

선생님: 안녕하세요? 성함이 ①(　　　　　　)?
아사코: 저는 이노우에 아사코예요.
선생님: 아사코 씨는 기숙사에서 ②(　　　　　　)?
아사코: 아니요, 지금은 친척 집에서 살아요.
　　　　③(　　　　　) 이사할 거예요.
선생님: 한국어 공부가 끝나면 뭐 하실 거예요?
아사코: 나중에 ④(　　　　　) 해요.
선생님: 그러세요? 그럼, 열심히 공부하세요.

1課　일과

単語・表現

명사 (名詞)	동사 (動詞)	표현 (表現)
경주　　　慶州	가르치다　教える	골프를 치다　ゴルフをする
계획　　　計画	끝나다　　終わる	나중에　　　後で
기숙사　　寄宿舎	만들다　　作る	돈이 생기다　お金ができる
대학원　　大学院	받다　　　もらう	몇 시간　　　何時間
병원　　　病院	배우다　　習う，学ぶ	시험을 보다　試験を受ける
보자기　　ポジャギ (ふろしき)	살다　　　住む，暮らす	시험을 못 보다
부모님　　ご両親	생기다	試験がうまくできない
선물　　　プレゼント	(なかったものが) できる	시험을 잘 보다
성함　　　お名前	숙박하다　宿泊する	試験でよい点数が取れる
세계 일주　世界一周	쉬다　　　休む	어떻게 되다
스쿠버다이빙	여행하다　旅行する	どうなる (どのようになる)
スキューバダイビング	이사하다　引っ越す	어느 나라　　どの国
신촌　新村 (ソウルの学生街)	일하다　　働く，仕事する	얼마 동안　　どのくらい
우주비행사　宇宙飛行士	졸업하다　卒業する	처음에　　　最初に
음식　　　料理	좋아하다　好む，好きだ	하숙집을 구하다
일　　　　仕事，用事	질문하다　質問する	下宿を探す
주말　　　週末	청소하다　掃除する	
질문　　　質問	취직하다　就職する	★발음 (発音)
친척 집　　親戚の家	태어나다　生まれる	끝나면 [끈나면]
통역사　　通訳士	**형용사 (形容詞)・부사 (副詞)**	어떻게 [어떠케]
하루　　　一日	다시　　　また	
한국 분　　韓国の方 (かた)	바쁘다　　忙しい	
휴가　　　休暇	빨리　　　早く	

できるかな？　チェック☑リスト

☐ －(으)세요? を使って相手の名前や住まいを尋ねたり，答えを聞き取ることができますか.

☐ 韓国語を勉強したら何をしたいか尋ねたり，答えを聞き取ることができますか.

☐ 週末や休みの計画について尋ねたり，答えを聞き取ることができますか.

11 (십일)

이과 2 課 ● 朝子といいますが, 日本から来ました.
아사코인데 일본에서 왔어요.

自己紹介をする

아사코 : 안녕하세요? 저는 아사코인데 일본에서 왔어요.
친구1 : 한국어를 공부한 지 얼마나 됐어요?
아사코 : 1년 정도 됐어요. 오기 전에 대학교에서 배웠어요.
친구2 : 왜 한국어를 공부하세요?
아사코 : 대학원에 가려고 해요.
　　　　대학원을 졸업한 다음에 통역사가 되고 싶어요.
친구3 : 만나서 반가워요.
　　　　수업이 끝난 다음에 같이 식사하러 가요.

朝子 : こんにちは. 私は朝子といいますが, 日本から来ました.
友だち1 : 韓国語を勉強してからどれくらいになりますか.
朝子 : 1年くらいになります.（ここに）来る前に, 大学で勉強しました.
友だち2 : どうして韓国語を勉強なさっているんですか？
朝子 : 大学院に行こうと思っています.
　　　 大学院を卒業した後に, 通訳（士）になりたいんです.
友だち3 : お会いできてうれしいです.
　　　　 授業が終わった後に, 一緒に食事しに行きましょう.

12 (십이)

2課　이과

1　-인데　～(なの)で，～なんですが　〈説明・紹介〉

体言について，提示したことがらを，さらに詳しく説明したり紹介するときに使います．パッチムがない体言につく場合，会話体では指定詞の語幹이(다)を省略して**-ㄴ데**となります．

例) 형　　…　형**인데**　兄なんですが
　　아버지　…　아버지**ㄴ데**　＜　아버지**인데**　父なんですが

練習1　例にならって質問に答えましょう．

例) A:가족을 소개해 주세요.
　　B:아버지/기자/바쁘다
　　　⇒ 〈아버지〉는〈기자〉인데〈바쁘세요〉.

① 어머니/만화가/요리를 잘하다　　② 여동생/회사원/도쿄에서 살다
③ 남동생/고등학생/키가 크다
☺ 家族や友人を紹介してみましょう．

練習2　示された語句を用いて単語を説明してみましょう．

例) 일본 전통 옷/여름에 입다
　　A:〈유카타〉가 뭐예요?　〈浴衣〉は何ですか．
　　B:〈일본 전통 옷〉인데〈여름에 입어요〉.　日本の伝統的な服で，夏に着ます．

① 섬/
한국에서 제일 크다

② 동물/
"멍멍"하고 짖다

③ 산/
세계에서 제일 높다

〈제주도〉

〈개〉

〈에베레스트산〉

いってみよう　～ペアで推理ゲーム～

1人が「-인데」を使って絵カードを説明します．もう1人は友だちの説明を聞いてカードの絵を当ててください．当たったら交代です．オリジナルの絵カードも作ってみましょう．

스포츠/ 겨울에 하다	음식/ 생일에 먹다	물건/ 가지고 다니다

13 (십삼)

2 -ㄴ/은 지　～してから，～して以来　　　〈期間〉

📝 動詞の語幹について，そのことが起きてから現在までの期間を表します。「-이/가 됐다 ～になった」「-이/가 넘었다, 지났다 ～が過ぎた」などの表現とともによく使われます。

語幹末にパッチムがない場合は -ㄴ 지，ある場合は -은 지 がつきます．

例）먹다 … 먹은 지　食べてから　　　하다 … 한 지　してから
　　살다 … 산 지　住んでから（ㄹパッチムは脱落）

☞ 지の前にはスペースが必要です！

練習1　例にならって質問に答えましょう．

例）A：얼마나 됐어요? 　どれくらいになりましたか？
　　B：한국어를 공부하다 / 1 년 ⇒〈한국어를 공부한〉지〈1 년〉이 됐어요.
　　　　　　　　　　　　　韓国語を勉強して1年になりました．

① 점심을 먹다/30분　② 감기에 걸리다/1주일　③ 한국에 오다/3개월

練習2　例にならって会話してみましょう．

例）A：〈한국에서 산 지〉얼마나 됐어요?　　B：〈1 년〉이〈됐어요〉.
　　　韓国で暮らしてからどれくらいになりますか？　　1年になります．

① 한국어를 공부하다　　② 고등학교를 졸업하다
③ 미장원에 가다
😊 クラスの友だちにもきいてみましょう．

> ✓ 1년이 됐다
> 3년이 넘었다
> 10년이 지났다
> 2주일이 됐다

 いってみよう　-ㄴ/은 지を使ってどのくらい経ったか聞いてみましょう．

질문	친구1	친구2	친구3
① 이 학교에서 공부하다	＿＿	＿＿	＿＿
② 마지막으로 여행을 가다	＿＿	＿＿	＿＿
③ 극장에서 영화를 보다	＿＿	＿＿	＿＿
④ （自由に）	＿＿	＿＿	＿＿

📝 ～週間=～주일，～か月=～개월，～年=～년，数字は漢数字を使います．

2課　이과

3　-ㄴ/은 다음에／-기 전에　〜した後で／〜する前に〈動作の順序〉

動詞の語幹について，行為の順序を表します．
語幹末にパッチムがない場合は -ㄴ 다음에，ある場合は -은 다음에 がつきます．
ㄹパッチムの場合はㄹが脱落して -ㄴ 다음에 がつきます．
「〜する前に」は，語幹末のパッチムの有無にかかわらず -기 전에 がつきます．

▶15

【練習1】　例にならって答えましょう．

例) A：뭐 해요?　何をしますか？
　　B：차를 마시다／일하다
　　　⇒〈차를 마신〉다음에〈일해요〉.　お茶を飲んだ後で仕事をします．

① 숙제하다／자다　　② 샤워하다／식사하다　　③ 옷을 갈아입다／외출하다

【練習2】　例にならって答えましょう．

例) A：뭐 해요?　何をしますか？
　　B：일하다 / 차를 마시다
　　　⇒〈일하〉기 전에〈차를 마셔요〉.　仕事をする前にお茶を飲みます．

① 자다／숙제하다　　② 식사하다／샤워하다　　③ 외출하다／옷을 갈아입다

いってみよう

▶16

例) A：성민 씨는 아침에 일어난 다음에 뭐 해요?　朝起きた後で何をしますか？
　　B：일어나다 / 세수하다 ⇒ 일어난 다음에 세수해요.　起きた後で洗顔します．

① 세수한 다음에 뭐 해요?
② 출근하기 전에 뭐 해요?
③ 퇴근한 다음에 뭐 해요?

☺ 皆さんの一日の日課を書き出して話してみましょう．

例) 물을 마시다 / 면도하다 / 샤워하다 / 옷을 입다
　 / 침대를 정리하다 / 화장하다 / 출근하다

ソンミンさんの一日
AM 7:00　일어나다
　　　　세수하다
　　　　식사하다
　　　　옷을 갈아입다
AM 8:00　출근하다
　　　　일하다
PM 6:00　퇴근하다
　　　　아사코 씨를
　　　　만나다

やってみましょう

(1) 本文の会話(p.12)を聞いて，内容について質問に答えましょう.

① 아사코 씨는 얼마 동안 한국어를 배웠어요?
② 아사코 씨는 어디에서 한국어를 배웠어요?
③ 아사코 씨는 왜 한국어를 공부해요?

(2) 下線部を入れ替えて会話してみましょう.

例) A: 한국어를 공부한 지 얼마나 됐어요?
　　B: 1년이 됐어요.
　　A: 왜 한국어를 공부해요?
　　B: 한국어를 공부한 다음에 한국에서 살려고 해요.
　　A: 만나서 반가워요.

	A	B
例)	한국어를 공부하다	1년이 되다 / 한국에서 살다
①	요리 학원에 다니다	6개월이 되다 / 식당을 하다
②	요가를 배우다	3년이 넘다 / 요가 선생님이 되다

(3) 音声を聞いて，(　)の中に書きいれましょう.

아사코: 안녕하세요? 저는 아사코인데 일본에서 왔어요.
친구①: ①(　　　　　　　) 얼마나 됐어요?
아사코: 1년 정도 됐어요. ②(　　　　) 유학생한테서 배웠어요.
친구②: 왜 한국어를 공부하세요?
아사코: 대학원에 가려고 해요.
　　　　③(　　　　　　　) 통역사가 되고 싶어요.
친구③: 만나서 반가워요. 나중에 같이 ④(　　　　　　　).

2課　이과

単語・表現

명사 (名詞)	동사 (動詞)	표현 (表現)
개　　　　　犬	갈아입다　着替える	가지고 다니다　持って歩く
고등학교　高等学校	넘다　　　越える	감기에 걸리다　風邪をひく
극장　　　映画館	면도하다　ひげをそる	마지막으로　　最後に
기자　　　記者	세수하다　顔を洗う	멍멍　ワンワン(犬のなき声)
남동생　　弟	외출하다　外出する	한 달　一月 (ひとつき)
독일　　　ドイツ	입다　　　着る	두 달　二月 (ふたつき)
동물　　　動物	정리하다[정니-]　整理する	세 달　三月 (みつき)
만화가　　漫画家	졸업하다　卒業する	1 (일) 개월　　　1か月
물건　　　もの	지나다　　過ぎる	2 (이) 개월　　　2か月
미역국　　わかめスープ	짖다　　　ほえる	3 (삼) 개월　　　3か月
미장원　　美容院	출근하다　出勤する	일 년 [일련] 정도
생일　　　誕生日	퇴근하다　退社する	一年くらい
섬　　　　島	화장하다　化粧する	제일　　　　いちばん
여동생　　妹		키가 크다　　背が高い
여름　　　夏		- (으)러 가다　〜しに行く
요가　　　ヨガ	**형용사 (形容詞)・부사 (副詞)**	
유학생　　留学生	높다　　　　高い (高さ)	
음식　　　食べ物, 料理	마지막으로　最後に	
음악　　　音楽	크다　　　　大きい	
전통 옷　伝統衣装		
점심　　　昼ごはん		
제주도　　済州島		
침대　　　ベッド		
홈페이지　ホームページ		

できるかな？　チェック☑リスト

☐ 韓国語を始めた動機や韓国語を習ってからどのくらいたったか言えますか.

☐ 自分の日課（一日にすること）を，順を追って言えますか.

☐ 家族や自分のことを言えますか.
　（住まいはどこか，家族や自分の職業，将来の夢は何か，など）

3 課 ● 魚は焼かないでください.
생선은 굽지 마세요.

きまりを言う

아주머니 : 어때요? 마음에 들어요?
아사코 : 네. 방이 참 따뜻하네요. 그런데 화장실은 어디에 있어요?
아주머니 : 저기 있어요.
　　　　　화장실하고 욕실은 공동으로 사용해야 해요.
　　　　　그리고 아침은 9시까지예요. 늦지 마세요.
아사코 : 네. 혹시 부엌에서 요리해도 돼요?
아주머니 : 해도 돼요. 하지만 생선은 굽지 마세요.
아사코 : 알겠습니다.

おばさん : どうですか? 気に入りましたか?
　朝子 : はい. 部屋がとても暖かいですね. ところで, お手洗いはどこにありますか?
おばさん : あそこにあります.
　　　　　お手洗いとバスルームは共同で使わなければいけません.
　　　　　それから, 朝食は9時までです. 遅れないでください.
　朝子 : はい. もしかして台所で料理してもいいですか?
おばさん : してもかまいません. でも, 魚は焼かないでください.
　朝子 : わかりました.

18 (십팔)

3課　삼과

1 -아/어야 해요　〜しなければなりません　〈義務〉

用言の語幹に −아/어야 하다をつけると「〜しなければならない」という義務の表現になります．語幹末が陽母音の場合には −아야 하다が，陰母音の場合には −어야 하다がつきます．〜하다の場合には −해야 하다となります．　▶20

練習1　何を準備すべきか言ってみましょう．

例) A：외국에 여행을 갈 거예요. 무엇을 준비해야 해요?
　　　外国に旅行に行きます．何を準備しなければなりませんか．
　　B：약을 사다 ⇒ 〈약을 사〉야 해요.
　　　薬を買わなければいけません．

① 여권을 만들다　　② 돈을 준비하다　　③ 날씨를 알아보다

練習2　( )の中から韓国のきまりとして適当な方をえらんで答えましょう．

한국에서는…　　韓国では…

例) 식사하기 전에 뭐라고 해야 해요?
　　(잘 먹겠습니다 / 잘 먹었습니다) 라고 〈말하다 ⇒ 말해야 해요〉.

① 국을 무엇으로 먹어야 해요?
　　(숟가락/젓가락)으로 먹다.

② 자동차가 어느 쪽으로 가야 해요?
　　(왼쪽/오른쪽)으로 가다.

☺ 皆さんもいろいろ調べてクイズを作ってみましょう．

 ## いってみよう

友だちと行ったことのある旅行について話してみましょう．もしそこへ旅行するとしたら，何を準備しなければなりませんか？

	아사코	친구1	친구2
어디에 갔어요? 어땠어요? 무엇을 준비해야 해요?	베트남 햇볕이 강하다 모자, 선글라스		

19 (십구)

2 -(으)세요/-지 마세요　～てください/～ないでください〈丁寧な命令/禁止命令〉

✎ 動詞の語幹に -(으)세요 をつけて丁寧な命令や提案を表します。
　　語幹末にパッチムがない場合　　-세요
　　　　　　　　　ある場合　　　　-으세요
　　ㄹパッチムの場合　　ㄹが脱落して -세요
　　ㄷ変則の場合　　ㄷがㄹになって -으세요

☞ 丁寧な禁止命令「～ないでください」は，語幹末のパッチムに関係なく -지 마세요 をつけます。

[練習1]　先生に代わって，教室でのルールを言ってみましょう。　▶21

① 교실에서 이렇게 하세요．　教室ではこのようにしてください。

例) 한국어만 말하다 ⇒ 〈한국어만 말하〉세요．
　　　　　　　　　　韓国語だけ話してください。

① 크게 말하다　② 잘 듣다〈ㄷ変〉　③ 선생님을 보다　④ 책을 읽다

② 교실에서 이렇게 하지 마세요．　教室ではこのようにしないでください。

例) 일본어로 말하다 ⇒ 〈일본어로 말하〉지 마세요．
　　　　　　　　　　日本語で話さないでください。

① 전화하다　② 음악을 듣다　③ 수업 시간에 졸다　④ 음식을 먹다

[練習2]　状況にあったルールや解決策を教えてあげましょう。

例) (미술관에서) 와! 멋지다. 사진 찍어요.
　⇒ 〈여기서 사진을 찍지 마세요〉．
① (병원에서) 목이 아파요.
② (교실에서) 이 문법이 어려워요.
③ (회사에서) 일이 너무 많아요.
④ (극장에서) 하하하, 너무 웃겨요.
☺ 皆さんだったら何と言いますか?

✓ 여기서 사진을 찍다	(×)
담배를 피우다	(×)
많이 연습하다	(○)
너무 무리하다	(×)
조용히 하다	(○)

💪 いってみよう

次の相談に -(으)세요/-지 마세요 を使って提案してみましょう。

| 한국에서 쇼핑하려고 해요. 어디에서 하는 게 좋아요? | 한국 친구에게 일본을 안내하려고 해요. 어디를 가는 게 좋아요? | 한국에 어학연수 가려고 해요. 무엇을 준비해야 해요? |

3課 삼과

3 -아/어도 돼요／-(으)면 안 돼요 ～てもいいです／～てはいけません〈許可／禁止〉

✎ 「〜してもいい」という許可を表す表現は，-아/어도 돼요を用います．
　　用言の語幹末が陽母音の場合　　-아도 돼요
　　　　　　　陰母音の場合　　-어도 돼요　　　하다の場合は-해도 돼요
☞ 「〜てはいけません」(禁止)は，-(으)면 안 돼요を用います．
　　語幹末がㄹパッチムの場合　　ㄹは脱落せずに -면 안 돼요

練習1　下宿でのルールを言ってみましょう．　　　▶22

例) A : 하숙집에서 〈요리해〉도 돼요?　　　下宿で料理してもいいですか?
　　B : 요리하다(○) ⇒ 〈요리해〉도 돼요.　　料理してもいいです．
　　　　요리하다(×) ⇒ 〈요리하〉면 안 돼요.　料理してはいけません．

① 담배를 피우다(×)　　　② 음악을 크게 틀다(×)
③ 친구를 데리고 오다(○)　④ 늦게 자다(○)

練習2　家や会社のきまりについて話してみましょう．

例) TV게임을 하다
　　A : 〈TV게임을 해〉도 돼요?　　TVゲームをしてもいいですか?
　　B : 아니요, 〈하〉면 안 돼요.　　いいえ，してはいけません．
　　　　네, 〈해〉도 돼요.　　　　はい，してもいいです．

① 밥을 남기다　　② 밤에 전화하다　　③ TV를 보다

☺ 당신의 집이나 회사의 규칙에 대해서도 말해 봅시다.

💪 いってみよう ～この指とまれ！～

友だちどうしでサークルを作ります．-야 해요，-면 안 돼요，-도 돼요を使ってサークルの規則を決めて発表しましょう．サークルの名前も決めましょう．

[영화 동아리]	[여행 동아리]	[　　　　　]
1. 극장에서 봐야 해요.	1.	1.
2.	2.	2.
3.	3.	3.
4.	4.	4.

21 (이십일)

やってみましょう

(1) 本文の会話(p.18)を聞いて，内容について問いに答えましょう．

① 방이 어때요?
② 화장실은 어떻게 사용해야 해요?
③ 부엌에서 뭐 하면 안 돼요?

(2) いっしょに話してみましょう．

例) A: 우리 동아리 어때요? 마음에 들어요?
　　B: 네, 참 재미있겠어요. 그런데 연습은 언제 해요?
　　A: 아침 9시부터예요. 그러니까 30분 전까지 와야 해요.
　　B: 연습하기 전에 여기에서 옷을 갈아입어도 돼요?
　　A: 네. 저기에서 갈아입으세요.

例) 아침 9시 / 30분 전
　　연습하기 전에 / 옷을 갈아입다 / 갈아입다

① 일요일 10시 / 9시
　　끝난 다음에 / 샤워하다 / 샤워하다

② 화요일 오후 5시 / 4시 반
　　끝난 다음에 / 더 연습하다 / 연습하다

(3) 音声を聞いて，(　)の中に正しい言葉を書きいれましょう．

아주머니: 어때요? 마음에 들어요?
아사코: 네, 방이 참 ①(　　　).
　　　　 그런데 화장실은 어디에 있어요?
아주머니: 저기 있어요.
　　　　 화장실하고 욕실은 공동으로 사용해야 해요.
　　　　 그리고 아침은 ②(　　　)예요. ③(　　　　).
아사코: 네. 혹시 부엌에서 요리해도 돼요?
아주머니: 요리해도 돼요. 하지만 튀김 요리는 ④(　　　　).
아사코: 네. 알겠습니다.

22 (이십이)

3課　삼과

単語・表現

명사 (名詞)		형용사 (形容詞)・부사 (副詞)	
국	スープ	늦게	遅く
날씨	天気	먼저	先に
돈	お金	멋지다	素敵だ, かっこいい
동아리	サークル	크게	大きく
모자	帽子	**표현 (表現)**	
목	のど, 首	공동으로	共同で
문법	文法	담배를 피우다	タバコを吸う
밤	夜	데리고 오다	つれてくる
부엌	台所	따뜻하네요	暖かいですね
생선	魚	(-네요는 9課)	
(生きている魚は물고기)		마음에 들다	気に入った
선글라스	サングラス	보러 가다	見に行く
수업 시간	授業時間	사진을 찍다	写真をとる
숟가락	スプーン	음악을 틀다	音楽をつける
어학연수 [어항년수]		조용히 하다	静かにする
語学研修		햇볕이 강하다	日差しが強い
여권	パスポート	**동사 (動詞)**	
오른쪽	右側	갈아입다	着替える
외국	外国	굽다	焼く
왼쪽	左側	끝나다	終わる
욕실	浴室	남기다	残す
젓가락	はし	늦다	遅れる
튀김 요리 [튀김뇨리]			
揚げ物			

무리하다	無理する
사용하다	使用する
안내하다	案内する
연습하다	練習する
알아보다	調べる
웃기다	笑わせてくれる
전화하다	電話する
졸다	居眠りする
준비하다	準備する
틀다	スイッチを入れる

ちょこチャレ①の単語	
국회의사당	国会議事堂
근처	近所
말씀하다	おっしゃる
모국어	母国語
반	クラス, 班
벚꽃	桜
불꽃놀이	花火
어학원	語学院
여러	いろいろな
여의도	汝矣島
잘 지내다	元気で過ごす
친절하다	親切だ

できるかな？　チェック☑リスト

- [ ] 学校（会社）で禁止されていることを言えますか.（3つ）
- [ ] 日本や韓国の習慣（していいこと，いけないこと）を例をあげて言えますか.（3つ）
- [ ] 家族間のルールについて言えますか.（3つ）

ちょこチャレ① 불꽃놀이를 보러 가려고 해요.
花火を見にいこうと思います.

1 次の絵に合っている単語をさがしてください.

a.   b.   c.   d.

어학원
벚꽃
국회의사당
불꽃놀이

2 いっしょに話しましょう.

친구한테 언제 편지를 썼어요?
그 친구는 어떤 친구예요?
무슨 내용을 썼어요?

3 朝子さんの手紙を読んで質問に答えましょう.

보고 싶은 희선 씨에게

　안녕하세요, 희선 씨! 건강하게 잘 지내세요?
　저는 잘 지내고 있어요. 한국에 온 지 벌써 3개월이 됐어요.
　한국에 온 다음에 한 달 동안 친구 집에서 살았어요.
　그리고 두 달 전에 학교 근처 하숙집으로 이사했어요.
　하숙집 아주머니는 아주 친절하세요.
　항상 저한테 "밥 먹었어요?"라고 말씀하세요.
　어학원 친구들하고 한국어도 열심히 공부하고 있어요.
　우리 반은 전부 10명인데 여러 나라 사람들이 있어요.
　교실에서는 한국어로만 말해야 해요. 영어나 모국어로
　말하면 안 돼요. 그래서 좀 힘들지만 재미있어요.
　지난주에는 반 친구들하고 여의도 공원에 벚꽃을 보러
　갔어요. 국회의사당 옆의 벚꽃길이 아주 아름다웠어요.
　다음 주에는 한강 공원에 불꽃놀이를 보러 가려고 해요.
　희선 씨! 언제 한국에 올 거예요?
　한국에 오면 꼭 만나요.
　그럼, 안녕히 계세요.
　　　　　　　　　　　　　　　　서울에서 아사코가

24 (이십사)

(1) 手紙の内容について質問に答えましょう.

　① 누가 누구한테 편지를 썼어요?
　② 아사코 씨는 언제 어디로 이사했어요?
　③ 아사코 씨는 교실에서 어떻게 해야 해요?
　④ 아사코 씨한테 한국어 공부가 어때요?
　⑤ 아사코 씨는 다음 주에 뭐하려고 해요?

(2) 次の単語を使って文を作りましょう.

　① 아사코 씨 / 한국 / 오다 / 벌써 / 3개월 / 되다
　② 두 달 전 / 학교 근처 / 하숙집 / 이사하다
　③ 아사코 씨 반 / 전부 / 10명이다 / 여러 나라 사람들 / 있다
　④ 지난주 / 반 친구들 / 여의도 공원 / 벚꽃 / 보러 가다

(3) 朝子さんの話をみんなの経験のように話してみましょう.

　例) "저는 지난주에 반 친구들하고 ………. "

4 いっしょに話しましょう.

1. 여러분이 여행한 곳을 소개해 주세요.
   뭐가 좋았어요? 뭐가 나빴어요?
   무엇을 준비해야 해요?

2. 한국에서 어디를 여행했어요? 어땠어요?
   한국에서 어디에 여행가고 싶어요? 왜요?

5 友だちに韓国語で手紙を書いてみましょう.

4課 ● ファンの集いに行くことにしました.
팬 미팅에 가기로 했어요.

約束をする

성민: 아사코 씨, 공포 영화 좋아해요?
아사코: 저는 무서운 영화는 싫어요. 재미있는 영화가 좋아요.
성민: 그래요? 그럼 이번 주 토요일에
  '국가대표' 보러 갈까요?
아사코: 이번 주 토요일에는 약속이 있어서 갈 수 없어요.
  친구하고 팬 미팅에 가기로 했어요.
성민: 그럼, 다음 주 토요일은 어때요?
아사코: 네, 좋아요. 그럼 다음 주 토요일에 만나요.

成珉: 朝子さん, ホラー映画は好きですか?
朝子: 私は怖い映画は嫌いなんです. おもしろい映画が好きです.
成珉: そうですか. じゃ, 今週の土曜日に「国家代表」を見に行きませんか?
朝子: 今週の土曜日には約束があって行けません.
  友だちとファンの集いに行くことにしたんです.
成珉: では, 来週の土曜日はどうですか?
朝子: ええ, いいです. では, 来週の土曜日に会いましょう.

4課　사과

1　-(으)ㄴ＋名詞　　～な，～い　　　　　　　〈形容詞の連体形〉

形容詞の語幹について「～な体言」「～い体言」という連体形をつくります．
　　形容詞の語幹末にパッチムがない場合　　-ㄴ
　　　　　　　　　　　　　ある場合　　-은
　ㅂ変則の場合　ㅂが落ちて　-운　　　ㄹパッチムの場合は　ㄹが落ちて -ㄴ
　☞ 存在詞（-있다, -없다）には -는 がつきます．

▶28

[練習1] 例にならって食べ物の好みを言ってみましょう．

例) A：어떤 음식을 좋아해요?　　どんな食べ物が好きですか?
　　B：짜다 ⇒〈짠〉음식을 좋아해요.　塩辛い料理が好きです．

① 담백하다　　② 기름기가 많다　　③ 달다　　④ 맵다〈ㅂ変〉

[練習2] ( ) の中を連体形の形に直し，ヒントを参考にクイズに答えましょう．

例) A：제일 (맵다 → 매운) 한국 음식이 뭐예요?　いちばん辛い韓国料理は何ですか?
　　B：제일 매운 한국 음식은〈불닭〉이에요.　いちばん辛い韓国料理はプルタクです．

① 제일 (인기 있다 → 　　　) 한국 요리가 뭐예요?
② 한국에서 제일 (높다 → 　　　) 산이 어디예요?
③ (예쁘다 → 　　　) 옷은 어디에서 팔아요?
☺ 한국의 것을 조사하여, クイズを出してみましょう．

| ✓ 불닭 |
| 불고기 |
| 한라산 |
| 동대문시장 |

 やってみよう　～私のタイプ　나의 스타일～

友だちと合コンをすることになりました．好みを話しあってみましょう．

| 키가 큰 사람 / 꿈이 큰 사람 |　| 성격이 좋은 사람 / 머리가 좋은 사람 |

| 재미있는 사람 / 돈이 있는 사람 |

例) 키가 큰 사람이 좋아요?
　　꿈이 큰 사람이 좋아요?

2 -아/어서 ①   ～て，～なので   〈理由〉

✎ 用言の語幹について原因や理由を表します．語幹末が陽母音の場合には -아서，陰母音の場合には -어서 がつきます．～하다の場合は -해서 となります．
指定詞の이다は (이)라서 となります．
▶29
☞ 過去のことも現在形で表します．（×았어서，×었어서 → 아서，어서でよい）

練習1 韓国語を勉強している理由をこたえましょう．

例) A: 왜 한국어를 공부해요?　　なぜ韓国語を勉強しますか？
　　B: 한국 드라마가 좋다 ⇒ 〈한국 드라마가 좋아〉서 한국어를 공부해요.
　　　　　　　　　　　　韓国ドラマが好きなので，韓国語を勉強します．

① 한국 친구를 사귀고 싶다　② 한국어가 재미있다　③ 전공이 한국어이다

練習2 -아/어서を使って，理由を言ってみましょう．

例) A: 왜 어제 모임에 안 왔어요?　　どうして昨日の集まりに来なかったのですか？
　　B: 〈갑자기 일이 생겨〉서 갈 수 없었어요.
　　　　急に仕事が出来て行けませんでした．

① 왜 감기에 걸렸어요?
② 왜 병원에 갔어요?
③ 왜 밥을 안 먹었어요?
☺ 皆さんだったらどんな理由を言いますか？

> ✓갑자기 일이 생겼다
> 날씨가 추웠다
> 머리가 아팠다
> 식욕이 없었다

 いってみよう 好きな季節とその理由を言って，会話してみましょう．
▶30

例) A: 어느 계절을 좋아해요?
　　B: 저는 〈여름〉을 제일 좋아해요. 〈수영할 수 있어〉서 좋아해요.
　　A: 그래요? 저는 〈단풍이 아름다워〉서 〈가을〉을 좋아해요.

【ヒント】　봄 : 벚꽃이 피다, 새 학기가 시작하다
　　　　　여름 : 바다가 아름답다, 수영할 수 있다
　　　　　가을 : 단풍이 아름답다, 음식이 맛있다
　　　　　겨울 : 스키를 탈 수 있다, 크리스마스가 있다

28 (이십팔)

4課　사과

3　-기로 했어요　～することにしました　〈決心・約束〉

用言の語幹にそのままついて，決心したことや約束したことを述べるときに使います．

☞「～することになりました」は -게 됐어요です．(『最新チャレンジ！ 韓国語』12課参照)

練習1　週末の約束を言ってみましょう．　▶31

例) A：주말에 무슨 약속이 있어요?　週末に何の約束がありますか．
　　B：친구하고 영화를 보다 ⇒〈친구하고 영화를 보〉기로 했어요.
　　　　　　　　　　　　　　友だちと映画を観ることにしました．

①　콘서트에 가다　②　사진을 찍다　③　생일파티를 하다　④　디즈니랜드에서 놀다

練習2　ヒントを参考に，友だちの誘いを断ってみましょう．

例) A：이번 주 일요일에 시간이 있어요?　今週の日曜日に時間がありますか?
　　B：미안해요,〈등산을 가〉기로 했어요.　ごめんなさい．登山に行くことにしました．

① 오늘 저녁에 같이 식사할 수 있어요?
② 주말에 영화를 보러 갈까요?
③ 여름휴가 때 같이 여행갈까요?

> ✓등산을 가다
> 시험 준비를 하다
> 동료들하고 회식하다
> 친구하고 온천에 가다

☺ 여러가지 이유로 거절해 봅시다.

いってみよう

今週の火曜日と金曜日に約束があります．他の曜日も友だちと約束をして，みんなで発表しあいましょう．

월요일	화요일	수요일	목요일	금요일	토요일	일요일
	1시, 아키코, 신오쿠보, 점심식사			7시, 반 친구들, 요코하마, 회식		

例) 저는 화요일 1시에 아키코 씨하고 신오쿠보에서 점심식사 하기로 했어요. 그리고 금요일에는…

やってみましょう

(1) 本文の会話(p.26)を聞いて質問に答えましょう.

① 아사코 씨는 어떤 영화를 좋아해요? 어떤 영화를 싫어해요?
② 아사코 씨하고 성민 씨는 무슨 영화를 보러 갈 거예요?
③ 아사코 씨는 이번 주 토요일에 왜 갈 수 없어요?
④ 아사코 씨하고 성민 씨는 언제 영화를 보러 가기로 했어요?

(2) 下線部を入れ替えて, 会話してみましょう.

例) A: 아사코 씨, <u>불닭</u> 좋아해요?
　　B: 저는 <u>매운 것</u>은 싫어해요. <u>안 매운 것</u>을 좋아해요.
　　A: 그래요? 그럼 오늘 저녁에 <u>갈비탕</u>을 먹으러 갈까요?
　　B: 오늘 저녁에는 약속이 있어서 갈 수 없어요.
　　　 <u>친구하고 콘서트에 가기로 했어요</u>.
　　A: 그럼, 내일 저녁은 어때요?
　　B: 네, 좋아요. 그럼 내일 저녁에 같이 가요.

例)	①	②
불닭 맵다/안 맵다 갈비탕 콘서트에 가다	삼겹살 기름기가 많다/담백하다 설렁탕 영화를 보다	인삼차 쓰다/달다 식혜 같이 공부하다

(3) 音声を聞いて, ( )の中に書きいれましょう.

성민: 아사코 씨, 어떤 영화 좋아해요?
아사코: 저는 ①( ) 영화는 싫어요. 러브코미디를 좋아해요.
성민: 그래요? 그럼 이번 주 토요일에 '과속스캔들' 보러 갈까요?
아사코: 이번 주 토요일에는 ②(　　　　　) 갈 수 없어요.
　　　　친구하고 미술관에 ③(　　　　　).
성민: 그럼, ④(　　　)은 어때요?
아사코: 네, 좋아요. 그럼 일요일에 만나요.

4課　사과

単語・表現

명사 (名詞)	
갈비탕	カルビタン
공포 영화	ホラー映画
기름기	脂身
다음 주	来週
단풍	もみじ
동료 [동뇨]	同僚
등산	登山
모임	集まり
미술관	美術館
바다	海
벚꽃	桜
불닭	プルタク
빌딩	ビル
삼겹살	豚の三枚肉
설렁탕	ソルロンタン
성격	性格
식욕	食欲
식혜	韓国式甘酒
여름휴가	夏休み
온천	温泉
이번 주	今週
인기	人気
인삼차	人参茶
전공	専攻
팬 미팅	ファンの集い
회식	会食

동사 (動詞)	
사귀다	つきあう
싫어하다	嫌いだ
타다	乗る
팔다	売る
피다	咲く

형용사 (形容詞)	
달다	甘い
담백하다	さっぱりしている
맵다	辛い
무섭다	こわい
슬프다	悲しい
싫다	嫌い
싸다	安い
타다	乗る
아름답다	美しい〈ㅂ変〉
아프다	痛い，具合が悪い
재미있다	面白い
짜다	塩辛い
춥다	寒い

부사 (副詞)	
갑자기	急に

표현 (表現)	
기름기가 많다	脂っこい
꿈이 크다	夢が大きい
때	～の時
사진을 찍다	写真を撮る
성격이 좋다	性格がいい
일이 생기다	用事ができる
키가 크다	背が高い

계절 (季節)	
봄	春
여름	夏
가을	秋
겨울	冬

영화 제목 (映画の題名)	
국가대표	『国家代表!?』
과속스캔들	『過速スキャンダル』

できるかな？　チェック ☑ リスト

☐ どんな映画 / 料理が好きか言えますか.

☐ 相手の誘いに対して，理由を言って断ることができますか.

☐ 最近約束したことや決心したことについて話せますか.

31 (삼십일)

5課 ● 道を渡って左にずっと行ってください．
길을 건너서 왼쪽으로 쭉 가세요.

道案内をする

아사코 : 저, 죄송한데요. 단성사 극장이 어디에 있어요?
아주머니 : 종로 3가역 앞에 있어요.
아사코 : 택시로 얼마나 걸려요?
아주머니 : 걸어서 가도 돼요. 아주 가까워요.
아사코 : 그래요? 어떻게 가요?
아주머니 : 횡단보도를 건너서 왼쪽으로 쭉 가세요.
　　　　　 그럼 오른쪽에 있어요.
아사코 : 감사합니다.

朝子 : あのー，すみません．タンソンサ(団成社)劇場はどこにありますか？
女性 : 鍾路3街駅の前にあります．
朝子 : タクシーでどれくらいかかりますか？
女性 : 歩いても行けます．とても近いですよ．
朝子 : そうですか？ どうやって行きますか？
女性 : 横断歩道を渡って左にずっと行ってください．
　　　 そうしたら右側にあります．
朝子 : ありがとうございます．

32 (삼십이)

5課 오과

1 앞, 뒤, 오른쪽, 왼쪽　前, 後, 右, 左　〈位置を表す語〉

✎ 位置を表す単語には 앞「前」, 뒤「後ろ」, 사이「あいだ」などがあります.

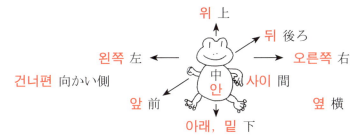

☞ 「～の前」「～の後ろ」などと言うときの「の (의)」は必要ありません.
例) 집 사이에　家の間に　　정문 앞에　正門の前に

練習1　カエルの人形がどこにあるのか言ってみましょう.

例) A : 어디에 있어요?　　　どこにありますか?
　　B :〈책상 위〉에 있어요.　机の上にあります.

① 　② 　③ 　④

引き出し : 서랍

練習2　次の場所がどこにあるのか絵を見て話してみましょう.

例) 약국 / 은행
　A : 약국이 어디에 있어요?
　B : 약국이 은행〈뒤〉에 있어요.

① 도서관/공원　　② 은행/약국
③ 공원/호텔, 병원
☺ 다른 장소도 설명해 보세요.

 いってみよう　ペアになって隣や前に何があるのか尋ねあいましょう.

A 　　B

33 (삼십삼)

2 -로/으로   ～で 〈手段〉

✏️ 「電車で行く」などのように，材料や手段，道具を表す「～で」は「-로/으로」を使います．パッチムのない語には -로 がついて，パッチムのある語には -으로 がつきます．ただし，ㄹパッチムの場合は -로 がつきます．

練習1 家から学校までの交通手段を言ってみましょう．

例) A: 집에서 학교까지 어떻게 가요?
　　　家から学校までどうやって行きますか？
　　B: 자전거 ⇒ 집에서 학교까지 〈자전거〉로 가요.
　　　　　　　　家から学校まで自転車で行きます．

① 버스　　② 자동차　　③ 신칸센　　④ 전철

練習2 目的地までどのくらいかかるのかを聞いてみましょう．

例) 집/학교/버스/10분
　　A: 〈집〉에서 〈학교〉까지 얼마나 걸려요?　家から学校までどれくらいかかりますか？
　　B: 〈버스〉로 〈10분〉 걸려요.　バスで10分かかります．

① 도쿄 / 나고야 / 신칸센 / 2시간쯤
② 일본 / 하와이 / 배 / 일주일
③ 집 / 역 / 걸어서 / 15분
☺ 友だちといろいろ聞きあってみましょう．

例)
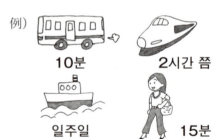
10분　　2시간 쯤
일주일　　15분

 いってみよう

家から学校までの交通手段と所要時間をインタビューしてみましょう．

Q: 집에서 학교까지 어떻게 가요? 얼마나 걸려요?

例)
이름	가오루
어떻게?	전철로
시간	40분

①
이름	＿＿＿
어떻게?	＿＿＿
시간	＿＿＿

②
이름	＿＿＿
어떻게?	＿＿＿
시간	＿＿＿

☺ 友だちの答えを整理して発表しましょう．
　誰の家がいちばん遠いでしょうか？ 近いでしょうか？

5課　오과

3 -아/어서②　　～して（から）　　〈動作の順序・連結〉

✎ -아/어서は,「～なので」と原因や理由を表す（p.28）ほか, 動作の順序を表す連結の意味もあります. 前件は後ろの動作のための前提になります.
　☞ ㅂ変則の場合にはㅂが脱落して -워서 となります.

練習1　今日, これからすることを順序よく言ってみましょう.

例) A：오늘 뭐 해요?　今日, 何をしますか？
　　B：학교에 가다/공부하다 ⇒ 〈학교에 가〉서〈공부해요〉. 学校へ行って勉強します.

① 일어나다/도시락을 싸다　　　② 전화하다/약속하다
③ 친구를 만나다/영화를 보다　　④ 시청에서 내리다/갈아타다

練習2　行き方を教えてあげましょう.

例) A：동대문에 어떻게 가요?　東大門へどうやって行きますか？
　　B：사거리에서 오른쪽으로 돌다/쭉 가다
　　　 ⇒〈사거리에서 오른쪽으로 돌아〉서〈쭉 가세요〉.
　　　　交差点を右に曲がってまっすぐ行ってください.

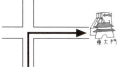

① A：인사동에 어떻게 가야 돼요?
　 B：(사거리를 지나다/쭉 가다)
② A：롯데월드가 어디에 있어요?
　 B：(길을 건너다/오른쪽으로 가다)
③ A：명동에 어떻게 가요?
　 B：(지하철 4호선을 타고 명동역에서 내리다
　 　 / 6번 출구로 나가다)

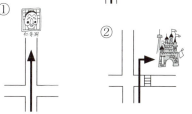

☺ 他の場所も説明してみましょう.

🗣️ いってみよう

あなたは今, 明洞（명동）駅にいます.
次の場所にはどうやって行ったらいいですか,
地図を見ながら説明しましょう.

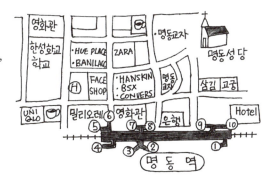

例) 6번 출구로 나가서 쭉 가면 오른쪽에 있어요. (HANSKIN)

35 (삼십오)

やってみましょう

(1) 本文の会話(p.32)を聞いて質問に答えましょう.

① 아사코 씨는 어디에 가려고 해요?
② 단성사 극장은 어디에 있어요?
③ 단성사 극장까지 어떻게 가요?
④ 아사코 씨는 왜 극장에 갈까요? (여러분 생각을 말하세요)

(2) 下線部を入れ替えて会話してみましょう.

A: 저기요. <u>롯데월드</u>가 어디에 있어요?
B: <u>잠실역</u>에 있어요.
A: 택시로 얼마나 걸려요?
B: 걸어서 가도 돼요. 아주 가까워요.
A: 그래요? 어떻게 가요?
B: 사거리를 건너서 <u>쭉 가면 오른쪽에 있어요</u>.

例)
롯데월드 — 잠실역
쭉 가다
오른쪽에 있다

①
서울타워 — 장충동
왼쪽으로 가다
건너편에 있다

②
면세점(免税店) — 광화문
조금 가다
바로 앞에 있다

(3) 音声を聞いて, ( )の中に書きいれましょう.

아사코: 저 죄송한데요. 단성사 극장이 어디에 있어요?
아주머니: ①( ) ②( )에 있어요.
아사코: 택시로 얼마나 걸려요?
아주머니: ③( ). 아주 가까워요.
아사코: 그래요? 어떻게 가요?
아주머니: 이 길을 건너서 조금 가면 ④( ) 있어요.
아사코: 감사합니다.

5課　오과

単語・表現

명사 (名詞)				형용사 (形容詞)	
건너편	向こう側	오른쪽	右	가깝다	近い〈ㅂ変〉
공원	公園	왼쪽	左	**부사 (副詞)**	
광화문	光化門	우체국	郵便局	바로	すぐ
극장	劇場，映画館	위	上	쭉	ずっと，まっすぐ
길	道	은행	銀行	**표현 (表現)**	
단성사	団成社 (劇場名)	인사동	仁寺洞	도시락을 싸다　弁当を作る	
동대문	東大門	자동차	自動車	얼마나 걸려요?	
뒤	後ろ	자전거	自転車	どのくらい (時間が)	
롯데월드	ロッテワールド	잠실역 [잠실력] 蚕室駅		かかりますか?	
면세점	免税店	장충동	奨忠洞	저기요　すみません	
명동	明洞	전철	電車	(呼びかけ)	
번	番	종로	鍾路	저, 죄송한데요	
병원	病院	책상	机	あの，すみませんが	
사거리	交差点，四つ角	출구	出口		
사이	間	하와이	ハワイ	★발음 (発音)	
서랍	引き出し	횡단보도	横断歩道	어떻게 [어떠케]	
서울타워	ソウルタワー	**동사 (動詞)**			
시청	市役所	갈아타다	乗り換える		
신칸센	新幹線	건너다	渡る		
아래	下	걷다	歩く〈ㄷ変〉		
안	中	나가다	出ていく		
앞	前	내리다	降りる		
약국	薬局	돌다	曲がる，回る		
역	駅	지나다	過ぎる		
옆	横	약속하다	約束する		

できるかな？　チェック✓リスト

☐ 家の近所に何があるかを（どんな店，場所など）紹介できますか.
☐ 自分の行きたい目的地までの交通手段やかかる時間を言えますか.
☐ おススメのスポットを紹介し，道順を友だちに教えられますか.

6課 ● ファンの集いへ行ってみたんですけど…
팬 미팅에 가 봤는데…

感想を言う

아사코 : 와! 정말 재미있었어요.
　　　　 특히 남자 주인공이 멋있어요.
성민 : 누구요? 키 큰 남자요?
아사코 : 네, 지난주에 팬 미팅에 가 봤는데 노래도 정말 잘해요.
성민 : 그래요? 저는 TV에서 봤는데 별로였어요.
아사코 : 저는 노래 잘하는 사람을 좋아해요. 참, 주말에 친구들하고
　　　　 노래방에 가는데, 성민 씨도 같이 가요.
성민 : 네? 노래방이요? 저는 혼자서 노래하는 것을 좋아하는데….

朝子 ： わー！ 本当に面白かったです．
　　　 特に主人公の男性がステキです．
成珉 ： 誰ですか？ 背が高い男性ですか？
朝子 ： そうです，先週ファンの集いへ行ってみたんですけど，歌も本当に上手です．
成珉 ： そうですか？ 私はテレビで見ましたけど，それほどではなかったです．
朝子 ： 私は歌が上手な人が好きです．あっ，そうだ，週末に友だち達と
　　　 カラオケBOXに行くんですけど，成珉さんもいっしょに行きませんか．
成珉 ： えっ，カラオケBOXですか？ 私は一人で歌うのが好きなんですが….

6課 육과

1 −는　〜している〜, 〜する〜　〈動詞・存在詞の現在連体形〉

動詞の語幹に −는 をつけると，今行われている動作や一般的な事柄，習慣などを表す現在連体形になります．ㄹパッチムのときは，ㄹが脱落して −는 がつきます．

☞ 存在詞の現在連体形　　−있는 [인는], −없는 [엄는]　　(＊[ ] は発音)
例) 먹는 [멍는] 요리　食べている料理　　사는 집　住んでいる家
　　재미있는 [인는] 영화　面白い映画

[練習1] 最近のマイブームや，よくやっていることを答えてみましょう．

　▶41

A：요즘 어떻게 지내요?　最近どうしていますか．
例) 좋아하다 / 배우−소지섭
B：요즘〈좋아하는 배우〉는〈소지섭〉이에요．　好きな俳優はソジソプです．

① 보다 / 드라마−아이리스　　② 듣다 / 음악−Kpop
③ 읽다 / 책−해리포터

例)　　　①　　　②　　　③

[練習2] 趣味や好きなことを言ってみましょう．

例) A：뭐 하는 것을 좋아해요?　何をするのが好きですか?
　　B：노래(를) 부르다 →〈노래 부르〉는 것을 좋아해요．　歌を歌うことが好きです．
　　① 야구(를) 보다　　② 쇼핑하다　　③ 춤추다

 いってみよう　〜こんなとき，何をする？〜

次のときにはどんなことをするのが好きですか？　話してみましょう．

　일요일 아침에…　　　비 오는 날에…　　　수업 시간에…

例) 일요일 아침에
　　책을 읽는 것을 좋아해요．

☺ 他の人と比べてみましょう．似ている人がいたら，ベストカップルになれるかも!?

2 －아/어 봤어요　　～してみました，～しました　　〈試行・経験〉

✏️ 動詞の語幹について，試しにやってみたり，経験したことを表します．主に自分が意志を持ってやろうとしたことに使います．

語幹末が陽母音の場合　－아 봤어요　　　陰母音の場合　－어 봤어요
～하다の場合　－해 봤어요

＊보다（見る）の場合は，봐 봤어요ではなく봤어요でＯＫ！

練習1 海でしたことを答えましょう．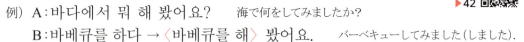

例）A：바다에서 뭐 해 봤어요?　　海で何をしてみましたか？
　　B：바베큐를 하다 →〈바베큐를 해〉봤어요.　　バーベキューしてみました（しました）．

① 낚시하다
② 보트를 타다
③ 불가사리를 줍다

練習2 それぞれの場所で何をしたか答えましょう．

例）A：〈서울〉에 가서 뭐 했어요?　　ソウルに行って何をしましたか？
　　B：〈연예인을 만나〉봤어요.　　ソウルに行って芸能人に会いました．

例）서울
① 경주
② 전주
③ 진해

✓연예인을 만나다
불국사에 가다
비빔밥을 먹다
벚꽃 구경을 하다

☺ 行ったことのある場所と，そこで何をしたかを言ってみましょう．

🗣️ いってみよう　～2人きりの経験～

自分が体験しためずらしいできごとを友だちに話してください．同じ経験をした人は「저도요!（私もです）」と手をあげましょう．同じ経験をした友だちが1人だけなら，あなたの勝ちです！

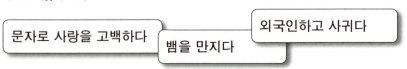

문자로 사랑을 고백하다
뱀을 만지다
외국인하고 사귀다

☺ いろいろな経験を話してみましょう．

6課 육과

3 -는데　～なんだけれど　〈物やできごとの状況説明・感想〉

話題にしている物やできごとの状況を説明したり、感想をのべるときに使います.

動詞・存在詞の語幹につく場合　-는데
名詞につく場合　　　　　　　-인데　　形容詞につく場合　-ㄴ/은데
過去形の場合　　　　　　　　-았는데 / -었는데

練習1 近況を話してみましょう.

▶43

例) A：요즘 어때요?　最近どうですか?
　　B：요가를 배우다 / 재미있다
　　→〈요가를 배우〉는데〈재미있어요〉.　ヨガを学んでいるんですが面白いです.

① 한국어를 공부하다 / 생각보다 (思ったより) 어렵다
② 매일 많이 자다 / 졸리다 (眠い)
③ 아르바이트를 하다 / 일이 별로 없다
☺ 自分の近況も話してみましょう.

練習2 例にならって、遊園地でやったことを話してみましょう.

例) A：놀이 공원에 가 봤어요?　어땠어요?　遊園地に行ってみましたか?　どうでしたか?
　　B：놀이 기구를 탔다 / 무서웠다
　　→〈놀이 기구를 탔〉는데〈무서웠어요〉.
　　　乗りものに乗ったんですがこわかったです.

① 퍼레이드를 봤다 / 멋있었다
② 미로에 들어갔다 / 길을 잃었다
③ 화장실에 갔다 / 사람이 많았다

 いってみよう

最近見たドラマや映画、本や歌などについて感想を話しましょう.

① 어떤 드라마를 봤어요?
例) "대장금"을 봤는데 주인공이 연기를 잘해요.

② 무슨 책을 읽었어요?
　책 내용이 어땠어요?

③ 자주 듣는 노래가 뭐예요?

☺ みんなが良く見るドラマ等は何でしたか?　人気がある理由も考えてみましょう.
例) 저도 그 드라마를 봤는데 한국 요리가 많이 나와서 재미있어요.

41 (사십일)

やってみましょう

(1) 本文の会話(p.38)を聞いて質問に答えましょう. ▶40

① 아사코 씨는 영화를 본 다음에 어떻게 말했어요?
② 아사코 씨는 지난주에 뭐 했어요?
③ 아사코 씨는 어떤 남자를 좋아해요?
④ 성민 씨는 노래방에 갈까요? (여러분의 생각을 말하세요.)

(2) 下線部を入れ替えて, 会話してみましょう. ▶44

A: 지난주에 <u>콘서트에 가 봤는데</u> 노래도 정말 잘해요.
B: 그래요? 저는 별로였는데요.
A: 저는 노래를 잘하는 남자를 좋아해요.
　 성민 씨 우리 이따가 노래방에 갈까요?
B: 네? 노래방이요? 저는 <u>노래방에 가는 것을 안 좋아하는데</u>…….

例) 콘서트에 가 보다
　　노래방에 가는 것을 안 좋아하다

① 팬 미팅에서 보다
　 다른 약속이 있다

② TV에 나오다
　 클럽에서 춤추는 것을 좋아하다

(3) 音声を聞いて, (　) の中に書きいれましょう. ▶45

아사코: 와! 정말 재미있었어요.
　　　　특히 남자 배우가 멋있어요.
성민: 누구요? ①(　　　　　　　)?
아사코: 네, 지난주에 ②(　　　　　　) 노래도 정말 잘해요.
성민: 그래요? 저는 별로였어요.
아사코: 성민 씨, 우리 주말에 노래방에 갈까요?
　　　　저는 ③(　　　　) 남자를 좋아하는데…….

6課 육과

単語・表現

명사（名詞）		동사（動詞）		표현（表現）	
남자 배우	男優	고백하다	告白する	길을 잃다	道を失う，迷う
내용	内容	구경하다	見物する	노래(를) 부르다	歌を歌う
노래방	カラオケBOX	나오다	出てくる	노래를 잘하다	歌が上手い
놀이 공원	遊園地	낚시하다	釣りをする	별로(이)다	大したことない
놀이 기구	乗りもの(遊園地の)	만지다	いじる，触る	생각보다	思ったより
문자	携帯メール	부르다	歌う〈르変〉		
미로	迷路	사귀다	付き合う	**ちょこチャレ②の単語**	
바베큐	バーベキュー	잃다	失くす	갈아타다	乗り換える
뱀	ヘビ	잘하다	上手だ	길을 헤매다	道に迷う
벚꽃 구경	(桜の) 花見	줍다	拾う〈ㅂ変〉	매진	売り切れ
보트	ボート	춤추다	踊る	볶다	炒める
불가사리	ヒトデ			소스	ソース
불국사	仏国寺	**형용사（形容詞）**		순대볶음	スンデ炒め
연기	演技	멋있다	かっこいい	순대타운	スンデタウン
연예인	芸能人	무섭다	怖い〈ㅂ変〉		(スンデの店がたくさんある通り)
외국인	外国人	졸리다	眠い	신림동	新林洞(町の名前)
요리	料理			야채	野菜
요즘	最近	**부사（副詞）**		예매하다	前売り券を買う
전주	全州	별로	あまり(〜ない)	잘못 내리다	降り間違える
주인공	主人公	이따가	後で	족발(집)	豚足(屋)
진해	鎮海	정말	本当に	지하철	地下鉄
퍼레이드	パレード	특히	特に	찍어 먹다	付けて食べる
해리포터	ハリーポッター	혼자서	一人で	하나씩	ひとつずつ

できるかな？　チェック☑リスト

- [ ] 最近のマイブームや，よくやっていることについて紹介できますか.
- [ ] 試しにやってみたり，経験したことについて話せますか.
- [ ] 一番好きな映画や本などを紹介できますか.
      （いつ見たり読んだりしたか. 感想は？）

ちょこチャレ② 순대볶음을 먹어 봤어요.
スンデ炒めを食べてみました.

1 次の絵に合う単語をさがしてください.

a.　　b.　　c.　　d.

갈아타다
매진이다
헤매다
(소스에) 찍어 먹다

2 いっしょに話しましょう.

① 여러분이 안 먹어 본 한국 음식은 뭐예요?
② 뭐 먹어 보고 싶어요?

3 朝子さんの一日を読んで, 質問に答えましょう.

▶46

아사코 씨의 하루

　아사코 씨는 오늘 1시에 성민 씨하고 만나서 영화를 보기로 했어요. 그래서 12시에 집에서 나갔어요. 지하철로 가면 갈아타야 하는데 버스로 가면 한 번에 갈 수 있어요. 그래서 버스를 타고 가기로 했어요. 그런데 잘못 내려서 조금 길을 헤맸어요.
　영화 '국가대표'는 인기가 아주 많아서 계속 매진이었어요. 하지만 성민 씨가 예매를 해서 두 사람은 바로 영화를 볼 수 있었어요. 영화는 아주 재미있었어요. 남자 배우도 너무 멋있었어요.
　영화를 본 다음에 신림동 순대타운에 갔어요. 성민 씨가 대학생 때부터 자주 가는 가게에 갔어요. 아사코 씨는 처음으로 순대 볶음을 먹어 봤어요. 볶은 순대와 야채를 소스에 찍어서 먹었는데 생각보다 아주 맛있었어요.
　성민 씨는 아사코 씨가 아직 안 먹어 본 한국 음식을 하나씩 소개해 주기로 했어요. 그래서 다음 주에는 장충동에 있는 족발 집에 가기로 했어요. 아사코 씨는 다음 주를 기대하고 있어요.

6課　육과

(1) 読んだ内容について質問に答えましょう.

①아사코 씨는 몇 시에 집에서 나갔어요? 왜요?
②약속 장소에 어떻게 갔어요?
③아사코 씨는 영화를 본 다음에 어디 갔어요?
④순대 볶음은 어땠어요?
⑤성민 씨는 앞으로 아사코 씨에게 어떤 한국 음식을 소개할까요?
　(여러분의 생각을 말하세요)

(2) 次の単語を使って文を作りましょう.　▶47

①오늘 1시 / 성민 씨 / 만나다 / 12시 / 집 / 나가다
②지하철로 가다 / 갈아타야 하다 / 버스로 가다 / 한 번에 가다
③'국가대표' / 인기가 많다 / 매진이었다 / 성민 씨 / 예매하다 / 바로 보다
④볶다 / 순대와 야채 / 소스 / 찍어서 먹다 / 생각 / 맛있다

(3) 朝子さんの話を, 自分が経験したように話してみましょう.

"오늘 1시에 성민 씨하고 만나서 영화를 보기로 했어요."

----

④ **知っている韓国の食べ物について紹介してみましょう.**

＊紹介する料理　（　　　　　　　　　　　）
例) 무엇으로 만들어요? 어떻게 먹는 거예요?

----

⑤ **最近起きた面白いできごとを書いてみましょう.**

7課 ● 少し安くしてください.
좀 깎아 주세요.

買い物をする

▶48

아사코 : 저 원피스 좀 보여 주세요. 얼마예요?
점원 : 3만 원이에요. 그건 요즘 잘나가는 옷이에요.
아사코 : 한번 입어 봐도 돼요?
점원 : 네, 입어 보세요.
　　　　…………
　　　　어떠세요?
아사코 : 잘 맞아요. 그런데 2천 원만 깎아 주시겠어요?
점원 : 네, 그러세요. 예쁘게 입으세요.

朝子：あのワンピース見せてください. いくらですか?
店員：3万ウォンです. それは最近よく売れている服ですよ.
朝子：一度着てみてもいいですか.
店員：はい, 着てみてください.
　　　…………
　　　どうですか?
朝子：ぴったりです. でも, 2千ウォンだけ安くしていただけませんか?
店員：はい, そうなさってください(承知しました). ステキに着こなしてくださいね.

46 (사십육)

7課　칠과

1　-아/어 주세요　　～してください　　〈依頼〉

✏️ 話し手が，自分のために何かしてほしいときに使います．
相手の行動を促す −(으)세요とは区別しましょう． ▶49

例）（先生に向かって）
 { （×）가르치세요.　お教えください．（教えることを促している）
  （○）가르쳐 주세요.　教えてください．（教えることを頼んでいる）

練習1　-아/어 주세요を使って，店員さんに頼んでみましょう．

店員：뭐 드시겠어요?　ご注文は？

例) 맛있는 거 추천하다
 → 〈맛있는 거 추천〉해 주세요.

① 메뉴 보이다 →

② 안 맵게 하다 →

③ 여기 치우다 →

練習2　-아/어 주세요を使って，お店の人との対話を完成させましょう．

손님: 이거, 例(포장하다 → 포장해 주세요).

점원: 네, 알겠습니다. 다 같이 포장할까요?

손님: 아뇨, ①(따로따로 싸다).

점원: 쇼핑백도 필요하세요?

손님: 네, ②(쇼핑백에 넣다).

점원: 감사합니다. 계산은 어떻게 할까요?

손님: ③(카드로 하다).

💪 いってみよう　～頼み上手のペアは？～

ペアになってじゃんけん「가위, 바위, 보!」をします．勝った人は負けた人に頼みごとをします．負けた人はその通りにやってあげましょう．（制限時間3分）

例)　～를/을 빌려 주세요．　～를/을 보여 주세요．　～를/을 해 주세요．

☺ やってもらえた頼みごとの数をペアで合計して，他のペアと競いましょう．

47 (사십칠)

2　-아/어 보세요　　～してみてください　　〈勧誘・アドバイス〉

✎ ためしに何かを勧めたり，アドバイスしたり，指示したりするときに使います．

▶50

練習1　例にならって，店員とお客の会話をしてみましょう．

例) 옷/입다
　A：이〈옷, 입어 봐〉도 돼요?　この服，着てみてもいいですか?
　B：네,〈입어 보세요〉．　はい，着てみてください．

　① 구두/신다　　② 장갑/끼다　　③ 떡/먹다

練習2　対話になるように選び，-아/어 보세요を使って勧めてみましょう．

例) 이 시계, 참 예쁘다!
　　　この時計，とってもすてき！
① 옷을 싸게 사고 싶어요.
② 이 귀걸이가 예쁘지 않아요?
③ 이 모자, 참 멋있다!

✓한번 차다 → 한번 차 보세요.
　　　　　　　　一度つけてみてください．
동대문시장에 가다
거울 앞에서 하다
한번 쓰다

 いってみよう

悩める友だちに，アドバイスをしてあげましょう．

悩み：
- 시간이 없어서 쇼핑할 수 없어요.
- 돈이 없어요.
- 요즘 유행하는 옷을 사고 싶어요.
- 안경을 맞추고 싶어요.

アドバイス　例) 인터넷 쇼핑을 이용해 보세요.

☺ どのアドバイスが役に立ちそうでしたか？

7과 칠과

3 -아/어 주시겠어요?　～してくださいますか？　〈より丁寧な依頼〉

初対面の人や目上の相手などに向かって依頼するときに使います．-아/어 주세요よりも丁寧な表現です．르変則の場合 **-ㄹ라/러 주시겠어요?**

練習1　ホテルのフロントの人に頼んでみましょう．　▶51

例) 아침에 모닝콜을 하다 → 아침에 모닝콜을 〈해 주시겠어요〉?
　　朝モーニングコールする　　　　　　　　してくださいますか

① 짐을 맡다　　② 한국돈으로 바꾸다　　③ 택시를 부르다 〈르変〉

練習2　あなたならどうしますか．例にならって，頼んでみましょう．

例) 짐이 무거워요. (→ 택배로 보내다) → 〈택배로 보내 주시겠어요?〉
　　荷物が重いです．　　　　　　　　　　宅配で送っていただけますか？

① 좀 비싸요. (→ 깎다)
② 옷이 좀 커요. (→ 좀 더 작은 거 보이다)
③ 이게 마음에 안 들어요.
　 (→ 저걸로 바꾸다)

 いってみよう　～注文の多い買い物客～

店員とお客役に分かれます．お客はお店にどんどん頼みましょう．時間になったら交替します．もっとも注文の多い客は誰でしたか？（制限時間3分）

例) 사이즈가 좀 큰데 다른 거 보여 주시겠어요?
　　サイズが少し大きいので他のを見せてくださいませんか？
　　*「～ので」p41 参照

네. 알겠습니다.

그건 좀…

ヒント（理由と注文内容）

사이즈가 좀 크다/작다 少し大きい/小さい	다른 거 보이다 他のを見せる
가격이 좀 비싸다 値段がちょっと高い	싸게 하다・깎다 安くする
색깔이 안 좋다 色が良くない	사은품을 넣다 おまけを入れる
친구에게 선물하다 友達にプレゼントする	포장하다 包装する
	카드로 계산하다 カードで会計する

☺ どんどん考えて，ガンガン頼んでみましょう．

やってみましょう

(1) 本文の会話（p.46）を聞いて質問に答えてください。

① 아사코 씨는 뭐 사고 싶어요?
② 아사코 씨는 원피스가 마음에 들어요?
③ 아사코 씨는 원피스를 얼마에 샀어요?
④ 아사코 씨가 가게를 나갈 때 아주머니는 뭐라고 했어요?
   　　　　　　　　　出るとき

(2) 下線部の語句を入れ替えて練習しましょう。

A: 이 시계 얼마예요?
B: 3만 원이에요.
A: 차 봐도 돼요?
B: 물론이지요. 차 보세요.
A: 다른 것도 보여 주시겠어요?
B: 그럼, 이건 어때요? 요즘 제일 잘나가요.

例)
시계
차다
다른 것
잘나가다

①
바지
입다
다른 색
인기가 있다

②
모자
쓰다
다른 디자인
잘 팔리다

(3) 音声を聞いて、（　）の中に書きいれましょう。

아사코: 이 귀걸이 ①(　　　　　)?
가게 주인: 그건 요즘 잘나가는 건데, ②(　　　　　)이에요.
아사코: 비싸요. 좀 깎아 주세요.
가게 주인: 한번 ③(　　　　). 어떠세요?
아사코: 잘 맞아요. 그런데 2천 원만 ④(　　　　　　)?
가게 주인: 네, 그러세요. ⑤(　　　　　　).

7課　칠과

単語・表現

명사 (名詞)		동사 (動詞)		표현 (表現)	
거울	鏡	가르치다	教える	구두를 신다	靴を履く
계산	計算	계산하다	計算する	그건 좀 곤란한데요	
교환	交換	깎다	値引する		それはちょっと…(困ります)
구두	靴	끼다	(手袋, 指輪などを)	그러세요	
귀걸이	イヤリング		はめる		そのようにしてください
김	海苔	넣다	入れる	마음에 들다	気に入る
모닝콜	モーニングコール	닦다	ふく	빌려 주세요	貸してください
모자	帽子	돕다	手伝う〈ㅂ変〉	시계를 차다	時計をする
무료	無料	맞다	合う	안경을 맞추다	メガネを作る
사은품	謝恩品	맞추다	あつらえる	어떠세요?	どうですか
소개	紹介	바꾸다	取りかえる	장갑을 끼다	手袋をはめる
쇼핑백	レジ袋	보이다	見せる	짐을 맡다	荷物を預かる
안경	メガネ	부르다	呼ぶ〈르変〉	**형용사 (形容詞)**	
옷	服	부치다	送る	곤란하다	こまる
원피스	ワンピース	빌리다	借りる, 貸す	필요하다	必要だ
장갑	手袋	신다	履く	**부사 (副詞)**	
짐	荷物	싸다	包む	따로따로	別々に
추천	推薦	쓰다	かぶる	맛있게	おいしく
택배	宅配	유행하다	流行る	싸게	安く
입다	着る			예쁘게	きれいに
한국돈	韓国のお金	잘나가다	人気がある	요즘	最近
화장품	化粧品	차다	(時計などを)	재미있게	楽しく
환불	払い戻し		はめる		
환전	両替	치우다	片づける		
		포장하다	包装する		

できるかな？　チェック☑リスト

☐ 自分のためにして欲しいことを相手に頼めますか.（3つ）

☐ 店員さんに試着や試飲, 試食をしてよいかどうか聞けますか.

☐ 韓国で買い物をしている場面を想定して, 店員と客に分かれて話せますか.

8課 ● 私の気持ちですから受け取ってください.
제 마음이니까 받아 주세요.

プレゼントする

▶54

성민: 아사코 씨, 생일 축하해요.
아사코: 어머, 이게 뭐예요?
성민: 별거 아니지만 제 마음이니까 받아 주세요.
아사코: 와, 예쁘네요.
성민: 한번 해 보세요.
　　　아사코 씨한테 잘 어울릴 것 같아요.
아사코: 고마워요. 소중히 간직할게요.

成珉: 朝子さん, 誕生日おめでとう.
朝子: あら, これ何ですか?
成珉: 大したものではないけれど, 私の気持ちですから受け取ってください.
朝子: わあ, きれいですねえ.
成珉: ちょっとしてみてください.
　　　朝子さんによく似合いそうです.
朝子: ありがとう. 大切にしますね.

52 (오십이)

8課　팔과

1 -(으)니까　～だから　〈理由・根拠〉

✎ あることが起こった原因や，そう考えた理由を主観的に主張するときに使います．また，勧誘や命令をするときの根拠（「～だから～しましょう」）を述べるときにも使えます．

☞ 過去のことを述べるとき　-았/었으니까「～だったから」

▶55

練習1　誕生日にどんなプレゼントをあげるのか，理由も一緒に答えてみましょう．

例） A：생일에 뭘 선물해요?　誕生日に何をプレゼントしますか?
　　 B：공부를 좋아하다/책 → 〈공부를 좋아하〉니까 〈책〉을/를 선물해요.
　　　　　　　　　　　　　　勉強が好きだから本を贈ります．

① k-pop을 좋아하다/　② 유학가다/　　　③ 날씨가 춥다〈ㅂ変〉/
　시디　　　　　　　　 사전　　　　　　　 목도리

練習2　友だちの質問に理由を答えてみましょう．

例） A：왜 샀어요?　　　なぜ買いましたか?
　　 B：〈싸〉니까 샀어요.　安いから買いました.

① 왜 결혼했어요?
② 왜 그 가수를 좋아해요?
③ 왜 그 가게에 가요?

　　　✓ 싸다
　　　　사랑하다
　　　　목소리가 좋고 춤도 잘 추다
　　　　맛있고 분위기가 좋다

 いってみよう

次の人には何をプレゼントしたらよいか提案しましょう．その理由も言ってみましょう．

例） 선생님은 목을 많이 쓰니까 목캔디를 선물하세요.

　　선생님　　　　　회사 동료　　　　　남자 친구/여자 친구

☺ 発表を聞いて，どのプレゼントがいちばん気に入ってもらえるか役に立つのか決めましょう．

53 (오십삼)

2 －네요　　～ですねえ　〈感嘆〉

用言の語幹にそのままついて，感動や感激，もしくは感想を表します。

☞ 発音に注意！

　맵네요 [맴네요]　　[-ᵖ-] → [-m-]
　좋네요 [존네요]　　[-ᵗ-] → [-n-]
　먹네요 [멍네요]　　[-ᵏ-] → [-ŋ-]

 ▶56

練習1　プレゼントをもらった感謝の気持ちを表してみましょう．

例) 예쁘다 → 〈예쁘〉네요.　かわいい (きれい) ですねえ．

① 좋다　　② 맛있다　　③ 귀엽다

練習2　友だちの家に招待されました．囲みの中から相応しいものをえらび，例にならってほめましょう．

例) A：어서 오세요.
　　B：집이 크고 좋다 → 〈집이 크고 좋〉네요.　家が大きくていいですね．

① A：이것 좀 드세요.
② A：여기가 제 방이에요.
③ A：제가 그린 그림이에요.

　　방이 정말 깨끗하다
　　멋지다
　　잡채가 참 맛있다

 いってみよう　～韓流スターに取材！～

韓流スターのレポーターになったつもりで，－네요を使ってコメントしてみましょう．

例) 저는 키가 186센치예요.
① 문워크 댄스 할 수 있어요.
② 어제 미용실에 갔다 왔어요.
③ 콘서트 티켓이 매진 됐어요.
④ 곤니치와! 아이시테마스!

例) 키가 크시네요.

 ▶57

ヒント
멋지다　かっこいい
부럽다　うらやましい
잘하시다　上手だ
대단하시다　すごい

8課 팔과

3 -ㄹ/을 것 같아요　　～そうです，～だろうと思います　　〈推測〉

✎ まだ起こっていないことや，実際に見たことのないことを推測するときに使います．

用言の語幹にパッチムがない場合　　-ㄹ 것 같아요
　　　　　　　　ある場合　　　　　-을 것 같아요

▶58

練習1　絵を見て，推測して答えてみましょう．

例) A：남자 친구에게 꽃을 줬어요. 남자 친구는 좋아할까요?
　　　ボーイフレンドに花をあげました．ボーイフレンドは喜ぶでしょうか?

　　B：좋아하다 → 〈좋아할〉것 같아요．喜ぶだろうと思います．

① 싫어하다　　② 놀라다　　③ 고마워하다

練習2　二人で推測してみましょう．

例) A：〈이 드라마〉이/가 어떨까요?　このドラマはどうでしょうか?
　　B：〈재미있을〉것 같아요．面白そうです．

① 올해 겨울　　② 박 선생님　　③ 불닭　　④ 내일 날씨

　　ヒント　엄격하시다 / 춥다〈ㅂ変〉 / 비가 오다 / 재미있다 / 맵다〈ㅂ変〉

💪!! いってみよう　～全身コーディネート～

グループ別に1人を選んで，その人を勝手に想像しながらみんなでコーディネートします．イラストやコラージュを使って，発表しましょう．

例) 아사코 씨는 빨간색 치마가
　　어울릴 것 같아요.

☺ どのチームのコーディネートがよかったでしょうか?

55 (오십오)

やってみましょう

(1) 本文の会話（p.52）を聞いて質問に答えましょう. ▶54

　① 성민 씨는 왜 선물했어요?
　② 성민 씨는 왜 그 선물을 샀어요?
　③ 아사코 씨는 선물을 받고 뭐라고 했어요?
　④ 성민 씨는 아사코 씨한테 무엇을 선물했을까요? (여러분 생각을 말하세요)

(2) 話してみましょう. ▶59

　下線部を入れ替えて，会話しましょう.

　A: 생일 축하해요. 이거 받으세요.
　B: 와, 볼펜이네요.
　A: 문구를 좋아할 것 같아서 샀어요.
　B: 정말 고마워요. 잘 쓸게요.

例)	①	②
생일 볼펜 문구를 좋아하다	졸업 가방 분위기에 맞다	결혼 액자 많이 필요하다

(3) 音声を聞いて, (　) の中に書きいれましょう. ▶60

　아사코: 성민 씨, ①(　　　　　　).
　성민: 고마워요. 열어 봐도 돼요?
　아사코: 별 거 아니지만 제 ②(　　　　) 받아 주세요.
　성민: 야, 우산 ③(　　　　).
　　　　이런 거 갖고 싶었어요.
　아사코: 성민 씨가 ④(　　　　)
　　　　저도 ⑤(　　　　).

8課　팔과

単語・表現

명사 (名詞)		동사 (動詞)		표현 (表現)
겨울	冬	간직하다	大切に保管する	목을 많이 쓰다
결혼	結婚	결혼하다	結婚する	のどを多く使う
꽃	花	고마워하다	ありがたがる	별거 아니에요
날씨	天気	그리다	(絵を)描く	大したことないですよ
내일	明日	놀라다	驚く	분위기에 맞다
마음	心，気持ち	매진되다	完売する	雰囲気に合う
만년필	万年筆	사랑하다	愛する	소중히 간직하다
목도리	マフラー	선물하다	プレゼントする	大切にする
목소리	声	싫어하다	嫌がる，嫌う	우산을 쓰다　傘をさす
문구	文具	어울리다	似合う	이런 거　　こんなもの
문워크 댄스		좋아하다	喜ぶ，好む	

명사 (名詞)		동사 (動詞)		색깔 (色)
ムーンウォークダンス		축하하다	祝う	・까만색　黒色
분위기	雰囲気	**형용사 (形容詞)**		・노란색　黄色
불닭	プルダック	갖고 싶다	ほしい (持ちたい)	・빨간색　赤色
사전	辞書	귀엽다	かわいい〈ㅂ変〉	・하얀색　白色
생일	誕生日	깨끗하다	きれいだ	・파란색　青色
애인	恋人	멋지다	かっこいい	
액자	写真立て	빨간＜빨갛다	赤い〜〈連体形〉	★발음 (発音)
올해	今年	엄격하다	厳しい	귀엽네요 [귀염네요]
졸업	卒業	춥다	寒い〈ㅂ変〉	맛있네요 [마신네요]
청소	掃除	**부사 (副詞)**		엄격하다 [엄껴카다]
티켓	チケット	소중히	大切に	
		직접	直接，自分で	
		참	本当に	

できるかな？　チェック☑リスト

☐ 家族や身近な人にあげたプレゼントについて，説明できますか.
　（何か，選んだ理由など）
☐ 友だちのことをほめることができますか. （3つ）
☐ プレゼントをやりとりする場面を想定して，会話できますか.

9課 ● 咳がひどくて眠れませんでした.
기침이 심해서 잠도 못 잤어요.

体の具合を言う

약사: 어서 오세요. 어떻게 오셨습니까?
아사코: 며칠 전부터 기침이 나고 목도 아파요.
약사: 열은 없으십니까?
아사코: 네, 열은 없는데 기침이 심해서 잠도 못 잤어요.
약사: 이 약을 드시고 푹 쉬세요.
그리고 이 알약은 열이 날 때만 드세요.
아사코: 네, 알겠습니다. 모두 얼마예요?

薬剤師: いらっしゃいませ. どうなさいましたか?
朝子: 何日か前から, 咳が出て, 喉も痛いんです.
薬剤師: 熱はありませんか?
朝子: はい, 熱はないんですが, 咳がひどくて眠れません.
薬剤師: この薬をお飲みになって, ゆっくりお休みください.
それからこの錠剤は熱が出たときだけお飲みください.
朝子: はい, わかりました. 全部でおいくらですか?

1 -(으)십니다/-(으)십니까?　〜でいらっしゃいます(か?)〈かしこまった尊敬〉

フォーマルな場面やかしこまった態度を表すときに使われる합니다体に，相手への尊敬の気持ちを表す-(으)시をつけた形です．他人に両親や上司のことを話すときなどにも使われます．過去形は-(으)셨습니다/-(으)셨습니까？となります．

☞ 自分のことを言うときには使えません．

▶62

練習1 母親の病状を言ってみましょう．

例) A：어머니께서 어떻게 아프십니까?　お母さんの具合はいかがですか?
　　B：열이 나다 → 〈열이 나〉십니다．　熱があります．

① 기침이 심하다　② 눈이 안 좋다　③ 감기에 걸렸다 (＜걸리다)

練習2 医者と患者になったつもりで対話してみましょう．

例) 어떻게 왔다? → 医者：어떻게 오셨습니까？　どうなさいましたか?
　　　　　　　　　患者：얼굴에 뭐가 났어요．　顔にできものができました．

① 왜 잠을 못 자다(주무시다)?
② 어디가 아프다?
③ 속이 어떻게 불편하다?

> ✓얼굴에 뭐가 났다
> 요즘 스트레스가 많다
> 눈이 따갑다
> 계속 소화가 안 되다

 いってみよう 〜体の具合が悪いとき〜

体の具合が悪い人（A）と相談相手（B）に分かれて，Aの人は症状を言い，Bの人はそれを聞いて，治療法を教えてあげましょう．

▶63

例) A：어떻게 오셨습니까?
　　B：〈목이 아프고 열이 나요〉．
　　A：그럼, 〈목에 뜨거운 파를 감고 주무세요〉．

> 목이 아프다, 열이 나다,
> 속이 불편하다, 속이 쓰리다,
> 기침이 나다, 감기에 걸리다,
> 잠이 안 오다, 우울하다

> 목에 뜨거운 파를 감고 자다,
> 우유를 마시다,
> 생강차를 마시다,
> 조용한 음악을 듣다 etc…

2 못 ~   ～できない   〈不可能〉

用言の前に置き，やりたい意志はあるけれど能力の不足や事情があって「～できない」という意味を表します．

「名詞＋하다」の単語は，못が間に入って「名詞＋못 하다［모타다］」となります．
（発音に注意 → p.63）

☞ 自分の意志で「やらない」という意味を表す 안 と区別しましょう．

▶64

練習1　できないことを言いましょう．

例） A：몸이 안 좋아요?　体の具合が悪いんですか？
　　 B：운동을 하다 → 네, 그래서〈운동을 못 해요〉．はい，それで運動できません．

① 여행을 가다　　　② 약속을 지키다　　　③ 아침에 일찍 일어나다

練習2　具合が悪くてできないことを説明してみましょう．

例） A：어디 불편하세요?　どこか具合が悪いんですか？
　　 B：〈배가 아파〉서 밥을 못 먹어요．お腹が痛くてご飯が食べられません．

例) 배가 아프다
① 다리를 삐다
② 위가 안 좋다
③ 허리를 다치다

✓ 밥을 먹다
　 등산을 하다
　 술을 마시다
　 무거운 짐을 들다

いってみよう

カードを引いて読み上げます．2組に分かれてできないことを言いあってみましょう．

例) 계속 비가 와요.

A：소풍 못 가요.　　B：빨래 못 해요.

① 애인이 없어요.
② 눈이 나빠요.
③ 팔을 다쳤어요.

▶65

☺ できないことを言えないほうが負けです．オリジナルのカードも加えてみましょう．

9課　구과

3 **-(으)ㄹ 때**　～のとき，～するとき　〈時間・場合〉

時を表す때に，未来のことやまだ実現していないことを表す連体形の-ㄹ/을がつくと，「～するとき」という時間や場合を表す意味になります．過去の場合を表すときには-았/었을 때「～したとき」となります．

▶66

[練習1] どんな時に病院に行くのか答えましょう．

例) A : 언제 병원에 가요? いつ病院に行きますか？
　　B : 아프다 → 〈아플〉 때 병원에 가요. 具合が悪い時，病院に行きます．

① 기침이 나다　　② 소화가 안 되다　　③ 감기에 걸렸다

[練習2] 次の場合はどうするのか，ヒントを参考に言ってみましょう．

例) A : 머리가 아플 때 어떻게 해요?
　　　頭が痛い時は，どうしますか？
　　B : 머리가 아플 때 〈집에서 푹 쉬어요〉.
　　　頭が痛い時，家でゆっくり休みます．

① 스트레스가 많을 때 어떻게 해요?
② 몸살이 났을 때 어떻게 해요?
③ 외로울 때 어떻게 해요?
☺ 自分ならどうするかも話し合ってみましょう．

> ✓ 집에서 푹 쉬다
> 　바다로 여행가다
> 　약을 먹고 많이 자다
> 　친구하고 만나다

 いってみよう　～あなたならどうする？～

次の場合，どうしていますか？　あなたの対処法を話しましょう．

例) 잠이 안 올 때　　　　例) 잠이 안 올 때 찜질방에 가요.

눈이 아플 때

마음이 아플 때　　　더위를 먹었을 때
　　　　　　　　　（暑さにやられた時）

61 (육십일)

やってみましょう

(1) 本文の会話（p.58）を聞いて質問に答えましょう．   61

① 아사코 씨는 왜 약국에 갔습니까?
② 아사코 씨는 왜 잠을 못 잤습니까?
③ 약사가 아사코 씨한테 뭐라고 했습니까?
④ 알약을 언제 먹습니까?

(2) 下線部を入れ替えて，話してみましょう． ▶67

A: 어서 오세요. 어떻게 오셨습니까?
B: 며칠 전부터 계속 머리가 아파요.
A: 열은 없으십니까?
B: 네, 열은 없어요.
A: 그럼, 이 약을 드시고 푹 쉬세요.
B: 알겠습니다. 모두 얼마예요?

例)
며칠 전부터 계속 머리가 아프다
열은 없다

①
어제부터 소화가 안 되다
토하지는 않다

②
이틀 동안 잠을 못 잤다
불면증은 없다

(3) 音声を聞いて，（　）の中に書きいれましょう． ▶68

약사: 어서 오세요. 어떻게 오셨습니까?
아사코: 며칠 전부터 콧물이 나고 목도 아파요.
약사: 열은 ①(　　　　　)?
아사코: 네, 열은 없는데 콧물이 많이 나서 ②(　　　　　).
약사: 이 약을 드시고 푹 쉬세요.
　　　그리고 이 알약은 ③(　　　　　)만 드세요.
아사코: 네, 알겠습니다. 모두 얼마예요?

発音に注意
 ▶69

✏ 못の読み方には4通りがあります．次に何がくるかによって変わります．

(1) 못 + ㄱㄷㅂㅅㅈ　[몯 mot]　　次の初声が **濃音化**　例) 못 자요[몯짜요]
(2) 못 + ㅁㄴ　　　　[몬 mon]　　**鼻音化**　例) 못 먹어요[몬머거요]
(3) 못 + ㅎ　　　　　[몯 moth]　**激音化**（ㅅ+ㅎ=ㅌ）例) 못 해요[모태요]

9課　구과

単語・表現

명사 (名詞)		형용사 (形容詞)		ちょこチャレ③の単語	
감기	風邪	나쁘다	悪い〈으変〉	겨울연가	冬のソナタ
기침	咳	따갑다	ひりひりする〈ㅂ変〉	관광지	観光地
다리	足, 脚	뜨겁다	熱い〈ㅂ変〉	광장	広場
동안	間 (時間の)	무겁다	重い〈ㅂ変〉	구경	見物
등산	登山	불편하다	不便だ, 具合が悪い	남해	南海
며칠	何日 (か)	심하다	ひどい	단풍	もみじ
모두	全部 (で), みんな	외롭다	さびしい〈ㅂ変〉	떠나다	発つ
목	喉, 首	우울하다	憂鬱だ	맘껏 즐기다	
몸살	疲れが出た症状				思う存分楽しむ
불면증	不眠症	**부사 (副詞)**		멍게	ホヤ
생강차	しょうが茶	계속	ずっと	보이소	ご覧ください
소풍	遠足	일찍	早く		(慶尚道方言)
스트레스	ストレス			사이소	買ってください
알약[알략]	錠剤	**표현 (表現)**			(慶尚道方言)
약사	薬剤師	감기에 걸리다	風邪をひく	송이	まつたけ
약속	約束	기침이 심하다	咳がひどい	시내	市内
얼굴	顔	다리를 삐다	脚をねん挫する	여러분	みなさん
위	胃	더위를 먹다	暑さにやられる	영화제	映画祭
찜질방	チムジルバン	몸살이 나다	疲れて体調不良になる	오이소	いらっしゃい
파	ネギ	뭐가 나다	何か(できもの等)ができる	울긋불긋	色とりどり
팔	腕	벌레에 물리다	虫に刺される	유람선	遊覧船
허리	腰	소화가 안 되다	消化が悪い	초대하다	招待する
		속이 불편하다	胃がもたれる	촬영지	撮影地
동사 (動詞)		속이 쓰리다	胸やけする	축제	祭り
감다	巻く	술에 취하다	酒に酔う	파라다이스	パラダイス
다치다	怪我する, 傷める	열이 나다	熱が出る	한눈에 보다	一目で見る
들다	持ち上げる	잠이 안 오다	眠れない	핸드 프린팅	
토하다	吐く	콧물이 나다	鼻水が出る		ハンドプリンティング
		푹 쉬다	ゆっくり休む		

できるかな？　チェック☑リスト

- ☐ 自分ができないことを言えますか.（3つ）
- ☐ 患者と薬剤師に分かれて会話できますか.
  （患者役は体の具合を言い, 薬剤師役は薬を処方します.）
- ☐ 風邪を引いたとき, どうしたらいいか言えますか.

---

(4) 못 + 이여 ［몬ㄴ mon+n］　ㄴ挿入と**鼻音化**（ㅅ＋ㅣとㅑ行＝ㄴㄴ）
　　　　　　　　　　　　　　　　例）못 열어요［몬녀러요］

(5) 못 + 이とㅑ行上以外の母音 ［몯 mod］　**有声音化**　例）못 와요［모돠요］

63 (육십삼)

ちょこチャレ③ 한번 가 보세요. いちど行ってみてください.

1 次の絵に合っている単語をさがしてください.

a. 　b. 　c. 　d.

송이
단풍
핸드 프린팅
멍게

2 いっしょに話しましょう.

한국에서 어디를 여행해 봤어요?
뭐가 좋았어요?

3 旅行のパンフレットを読んで質問に答えましょう.

▶70

〈부산〉

"오이소, 보이소, 사이소"
자갈치 시장에서 신선한 회를 드세요.

> 부산의 관광지인
> **남포동 용두산**(南浦洞龍頭山) **공원**, BIFF(비프)* **광장**에도 가 보세요.
> **자갈치시장**에서 길을 건너서 가면 남포동 용두산 공원이 있습니다. 용두산 공원에는 부산 시내를 한눈에 볼 수 있는 **부산 타워**가 있습니다. 날씨가 좋을 때는 **대마도**(対馬島)도 볼 수 있습니다. BIFF 광장에는 부산 국제 영화제의 극장들이 있습니다. 세계적인 배우와 감독의 핸드 프린팅도 있습니다.

* BIFF = Busan International Film Festival（釜山国際映画祭）

〈설악산〉

"울긋불긋 단풍 구경 오세요"
여러분을 강원도로 초대합니다.

> 9월에는 **양양**(襄陽)에서 송이 축제(松茸祭)가 있습니다. 신선한 송이버섯을 먹을 수 있습니다.
> 10월에는 설악 문화제(雪岳文化祭)와 연어축제(鮭まつり)가 있습니다. **설악산**(雪岳山)에서 예쁜 단풍을 맘껏 즐겨 보세요.

64 (육십사)

〈해금강〉　〈외도〉

"아름다운 남해"
거제도에서 만나요!

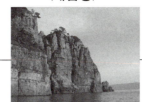

　　거제도(巨濟島)는 멍게 비빔밥이 유명합니다. 한번 드셔 보세요.
　　바다의 금강산 **해금강**(海金剛)! 거제도에서 배를 타고 해금강 유람선 여행을 떠나 보세요.
　　한국의 파라다이스 **외도**(外島)! 외도는 겨울연가 촬영지로 유명합니다.

(1) 読んだ内容について質問に答えましょう.

　① 부산타워에 가면 뭐 할 수 있어요?
　② 강원도에 어떤 축제가 있어요?
　③ 해금강에 어떻게 갈 수 있어요?
　④ 외도에 대해서 설명해 보세요.
　⑤ 여러분은 어디에 가고 싶어요? 왜요? (여러분의 생각을 말하세요.)

(2) 次の単語を使って文を作りましょう.

　① 자갈치시장 / 길 / 건너다 / 가다 / 용두산 공원 / 있다
　② 용두산 공원 / 부산 시내 / 한눈에 보다 / 부산 타워 / 있다
　③ 9월 / 양양 / 송이축제 / 있다 / 신선하다 / 송이버섯 / 먹을 수 있다
　④ 거제도 / 배를 타다 / 해금강 / 유람선 여행 / 떠나다 / 보다

(3) 皆さんは観光ガイドです. 好きな観光地を選んで説明してください.

　例) 부산에 가면…

4 **いっしょに話しましょう.**

　(1) 한국에 가면 어디를 여행해 보고 싶어요?
　　　왜 거기에 가고 싶어요?
　(2) 한국에서 친구가 오면 어디를 안내할 거예요?
　　　왜 거기를 안내하고 싶어요?

5 **観光地を案内する広告を作ってみましょう.**

10課 ● 字幕を見ながら勉強しています.
자막을 보면서 공부해요.

勉強のしかたを話す

유키코 : 아사코 씨는 한국어를 어떻게 공부해요?
아사코 : 저는 한국 드라마를 좋아하는 편이에요.
그래서 자막을 보면서 공부해요.
유키코 : 그런데 저는 듣기가 너무 어려워요.
아사코 : 그래요? 그럼, 교과서 CD를 자주 들어 보세요.
CD를 들으면서 연습하면 좋아질 거예요.
유키코 : 단어는 어떻게 공부하면 좋아요?
아사코 : 단어를 쓰면서 공부하는 게 좋아요.

ゆきこ： 朝子さんは韓国語をどうやって勉強していますか？
朝子： 私は韓国ドラマが好きなほうです.
それで, 字幕を見ながら勉強しています.
ゆきこ： でも, 聞き取りがとても難しいですよね.
朝子： そうですか？ それなら, 教科書のCDをたくさん聞いてみてください.
CDを聴きながら練習をすればうまくなりますよ.
ゆきこ： 単語はどうやって勉強したらいいですか？
朝子： 単語を書きながら勉強するのがいいですよ.

66 (육십육)

10課 십과

1 形-(으)ㄴ/動存는 편이에요   ～な/するほうです   〈傾向〉

人の趣向や物事の傾向を表すときに使える表現です.
動詞・存在詞の語幹には -는 (ㄹ語幹動詞にはㄹが落ちて -는), 形容詞の語幹には -ㄴ/은が, ㅂ変則にはㅂが落ちて -운がつきます. 指定詞이다の場合は인となります.

▶73

練習1 性格を言ってみましょう.

例) 성격이 어때요? どんな性格ですか?
　　저/급하다 ⇒ 〈저〉는 성격이 〈급한〉 편이에요.
　　　　　　　　私は（性格が）せっかちなほうです.

① 어머니/밝다　　② 동생/느긋하다　　③ 아버지/조용하다

☺ 自分の性格を言ってみましょう.

練習2 皆さんはどちらですか? 当てはまるほうを選んで対話してみましょう.

例) A: 성격이 어때요? どんな性格ですか?
　　B: 저는 성격이 (활발하다 / 조용하다) 편이에요.
　　　⇒ 저는 성격이 〈활발한〉 편이에요. 私は（性格が）活発なほうです.

① A: 한국어 공부 어때요?
　 B: 한국어 공부는 (어렵다 / 쉽다) 편이에요.
② A: 영어 잘해요?
　 B: 저는 (잘하다 / 못하다) 편이에요.
③ A: 한국어 시디를 자주 들어요?
　 B: 저는 자주 (들다 / 안 들다) 편이에요.

 いってみよう ～あなたの学習タイプは？～

▶74

ペアになって質問し, 相手の当てはまるものすべてに○をつけましょう.

例) 춤을 잘 춰요? ── 네, 춤을 잘 추는 편이에요.

A 춤을 잘 추다　　　　　　　E 운동하는 것을 좋아하다
B 사용 설명서를 잘 읽다　　　F 길을 안내할 때 지도를 그리다
C 암산을 잘하다　　　　　　　G 퍼즐이나 게임을 좋아하다
D 혼자 있을 때 노래하다　　　H 음악을 좋아하다

☺ 友だちの学習タイプを診断してあげましょう. (p.71)

67 (육십칠)

2 -(으)면서   ～しながら   〈同時・並行動作〉

✎ 動詞の語幹について，2つの動作が同時に行われていたり，並行して行われることを表します．

☞ ㄹパッチムの場合，면서がつきます．ㄷ変則の場合，ㄷがㄹに変化し －으면서がつきます．　例) 듣다 ⇒ 들으면서

▶75

練習1 どうやって韓国語を勉強しているのか答えましょう．

A：한국어를 어떻게 공부해요? 韓国語はどうやって勉強しますか?
B：드라마를 보다 ⇒ 저는〈드라마를 보〉면서 공부해요.
　　　　　　　　　私はドラマを見ながら勉強します．

① 단어를 외우다　　② 책을 읽다　　③ CD를 듣다〈ㄷ変〉

練習2 韓国語の実力をつけるにはどうしたらいいか，話してみましょう．

A：쓰기는 어떻게 공부해요? 作文はどうやって勉強しますか?
B：〈한국어로 일기를 쓰〉면서 공부해요.
　　韓国語で日記を書きながら勉強します．

① 듣기는 어떻게 공부해요?
② 읽기는 어떻게 공부해요?
③ 말하기는 어떻게 공부해요?

> ✓한국어로 일기를 쓰다
> 　한국어 CD를 듣다
> 　한국 책을 읽다
> 　한국 친구하고 대화하다

 いってみよう　学習方法をインタビューして，発表しましょう．

	친구 1	친구 2	친구 3
① 단어는 어떻게 외워요?	＿＿＿	＿＿＿	＿＿＿
② 쓰기는 어떻게 공부해요?	＿＿＿	＿＿＿	＿＿＿
③ 듣기는 어떻게 공부해요?	＿＿＿	＿＿＿	＿＿＿
④ 말하기는 어떻게 공부해요?	＿＿＿	＿＿＿	＿＿＿

☺ それぞれどんな方法が最も効果的か，話し合ってみましょう．

10課 십과

3 -는 것이 (=는 게)   ～するのが   〈事柄〉

-는 것이 (-는 게) は，パッチムの有無に関係なく動詞の語幹について，「～するのが好きだ／良い／難しい／嫌だ」などと表現するときの「～するのが」という意味を表します．

☞ -는 것이 좋다は，「～するのが好きだ」と言い表すときや「～するのがよい」とアドバイスするときによく使われます．

練習1 勉強するのに何が難しいのかを答えてみましょう．

例) A：공부할 때 뭐가 어려워요?   勉強する時，何が難しいですか？
    B：혼자서 숙제하다 ⇒ 〈혼자서 숙제하〉는 것이 어려워요.
           ひとりで宿題をすることが難しいです．

① 단어를 외우다   ② 한국어로 쓰다   ③ CD를 듣다

練習2 次のような場合にどうしたらよいかアドバイスしてみましょう．

例) A：〈문법을 공부할 때〉어떻게 하는 게 좋아요?
       文法を勉強する時，どのようにするのがいいですか？
    B：〈표를 만드〉는 게 좋아요. 表を作るといいですよ．

> ✓표를 만들다
> 선생님께 질문하다
> 음악을 듣다

① 단어를 모를 때
② 혼자서 공부할 때

 いってみよう ～ソウルの一日～

クラスのみんなで韓国に行き，ソウルで自由行動をすることになりました．友だちに何がしたいのかインタビューして，自分と同じことをしたい人を調べ，一緒に遊ぶ計画をたてて発表しましょう．

> 서울에 가면 뭐 하는 게 좋아요?

"～는 게 좋아요."

친구1 例) 동대문에서 쇼핑하는 게 좋아요.

친구2 ＿＿＿＿＿＿＿＿＿＿＿＿＿＿＿＿

친구3 ＿＿＿＿＿＿＿＿＿＿＿＿＿＿＿＿

> 저도 그래요! 그럼, 같이 가는 게 어때요?

> ヒント
> ☐ 찜질방에 가다
> ☐ 동대문에서 쇼핑하다
> ☐ 삼겹살을 먹다
> ☐ 백화점에서 화장품을 사다
> ☐ 한류스타 가게에 가다
> ☐ 콘서트에 가다
> ☐ 박물관에 가다
> ☐ 뮤지컬을 보다
> ☐ 사진관에서 사진을 찍다

例) 오전에는 ～ 씨하고 동대문에서 쇼핑하고
    오후에는 ～ 씨하고 한류스타 가게에 갈 거예요.

やってみましょう

(1) 本文の会話(p.66)を聞いて質問に答えましょう.

① 아사코 씨는 한국어를 어떻게 공부해요?
② 아사코 씨 친구는 뭐가 어려워요?
③ 듣기는 어떻게 공부하는 것이 좋아요?
④ 단어는 어떻게 공부하면 좋아요?

(2) 下線部を入れ替えて, 会話してみましょう.

A: 한국어를 어떻게 공부해요?
B: 저는 혼자서 공부하는 것을 좋아하는 편이에요.
　 그래서 집에서 혼자 숙제를 하면서 공부해요.
A: 그래요? 그럼 듣기는 어떻게 공부해요?
B: 교과서 CD를 많이 들어요.

例)	①	②
혼자 공부하다 집에서 혼자 숙제를 하다 듣기 교과서 CD를 많이 듣다	K-pop 노래 가사를 읽다 쓰기 한국어로 일기를 쓰다	사람을 만나다 한국 친구하고 대화하다 읽기 교과서 본문을 읽다

(3) 音声を聞いて, ( )の中に書きいれましょう.

유키코: 아사코 씨는 한국어를 어떻게 공부해요?
아사코: 저는 K-pop을 ①(　　　　　)이에요.
　　　 그래서 K-pop을 ②(　　　　　) 공부해요.
유키코: 그런데 저는 ③(　　　)가 너무 어려워요.
아사코: 그래요? 그럼, 매일 일기를 써 보세요.
　　　 ④(　　　　　) 좋아질 거예요.
유키코: 단어는 어떻게 공부하면 좋아요?
아사코: 단어도 쓰면서 ⑤(　　　　　　　).

10課　십과

単語・表現

명사 (名詞)		동사 (動詞)	
가게	店	그리다	描く，書く
단어	単語	대화하다	対話する
듣기	聞き取り	못하다	下手だ
말하기	会話	외우다	暗記する，覚える
문법	文法	잘하다	上手だ
뮤지컬	ミュージカル	좋아지다	よくなる
박물관	博物館		
사용 설명서	使用説明書	**형용사 (形容詞)**	
성격	性格	급하다	せっかちだ
쓰기	ライティング	느긋하다	のんびりしている
암산	暗算	밝다	明るい
이대	梨花女子大学	쉽다	易しい〈ㅂ変〉
일기	日記	어렵다	難しい〈ㅂ変〉
읽기	リーディング	조용하다	静かだ
자막	字幕	활발하다	活発だ
점	占い		
지도	地図	**부사 (副詞)**	
찜질방	チムジルバン	어떻게	どうやって
퍼즐	パズル	혼자(서)	一人で
표	表		
한류스타	韓流スター		

표현 (表現)	
점을 보다	占いをする
춤을 잘 추다	上手に踊る

学習タイプ診断　～あなたにピッタリの学習方法は？～

○はどれにつけましたか？　○が多いタイプほど，あなたの得意な学習スタイルです．

- ☆ 論理的，数学的タイプ　　＝　C, G　　→ 公式や論理で覚えよう！
- ☆ 音楽的，聴覚的タイプ　　＝　D, H　　→ 音楽に乗せて覚えよう！
- ☆ 視覚的，空間的タイプ　　＝　B, F　　→ 絵や図を描いて覚えよう！
- ☆ 肉体的，運動感覚的タイプ　＝　A, E　　→ 体を動かしながら覚えよう！

できるかな？　チェック☑リスト

- ☐ 自分の性格について言えますか．
- ☐ 自分の学習スタイルについて話せますか．
- ☐ 韓国語の勉強をするのにどうしたらよいか，アドバイスできますか．

11課 ● 今日は来られないそうです．
오늘 못 온다고 했어요.

話を伝える〈間接話法〉

선생님 : 어! 가오루 씨하고 제임스 씨가 아직 안 왔네요.
아사코 : 선생님! 가오루 씨가 오늘 못 온다고 했어요.
선생님 : 그래요? 왜요?
아사코 : 어제 가오루 씨 친구가 한국에 왔다고 했어요.
　　　　오늘은 친구를 안내해야 한다고 했어요.
선생님 : 제임스 씨는요?
유카리 : 아침에 배가 아프다고 했어요. 아, 문자가 왔네요.
　　　　제임스 씨가 지금 오고 있대요.

先生：おや？ かおるさんとジェームスさんがまだ来ていませんね．
朝子：先生！ かおるさんは，今日は来られないそうです．
先生：そうですか？ どうして？
朝子：昨日，かおるさんの友だちが韓国に来たんだそうです．
　　　（それで）今日は友だちを案内しなければならないと言っていました．
先生：ジェームスさんは？
ゆかり：今朝，お腹が痛いと言っていました．あ，メッセージが来ましたね．
　　　　ジェームスさんは今，こちらに向かっているところだそうです．

11課　십일과

1　形 存 -다고 했어요 ‖ 動 -ㄴ/는다고 했어요　〜だそうです〈間接話法〉

誰かから聞いた内容を，他の人に伝えるときに使います．直訳すると，「〜と言っていました」という意味です．

形容詞・存在詞の語幹　　　　　　　　-다고 했어요
動詞の語幹　パッチムがない場合　　　-ㄴ다고 했어요
　　　　　　ある場合　　　　　　　　-는다고 했어요
　　　　　　ㄹパッチムはㄹが脱落して　-ㄴ다고 했어요
指定詞の場合　　　　　　　　　　　　-(이)라고 했어요

【練習1】テレビで何と言ったのか，伝えてみましょう．

例) A：TV에서 뭐라고 했어요?　テレビで何と言いましたか？
　　B：〈오늘은 날씨가 덥〉다고 했어요.
　　　　今日は (天気が) 暑いと言いました．

例) 오늘은 날씨가 더워요.

① 한국 음식이 맛있어요.
② 하코네는 비가 와요.
③ K-pop을 듣고 있어요.

【練習2】友だちから聞いた韓国語の勉強の感想を，他の人に伝えてみましょう．

한국어 공부가 어때요?　韓国語の勉強はどうですか？

例) 아사코："발음이 어려워요." → 〈아사코 씨는 발음이 어렵〉다고 했어요.
　　　　　　　　　　　　　　　　朝子さんは発音が難しいと言いました．

① 제임스："말하기가 제일 재미있어요. 하지만 쓰기를 잘 못해요."
② 유카리："듣기가 제일 어려워요."
③ 가오루："읽기가 재미있어서 소설을 읽어요."
☺ 皆さんの友だちにも聞いてみましょう．

 いってみよう

友だちに質問して答えをメモし，それを発表して誰のことか当ててもらいましょう．

【質問カード例】

마코토 씨	
① 뭐 좋아해요?	동방신기
② 주말에 보통 뭐 해요?	자요
③ 오늘 기분이 어때요?	좋아요

＿＿＿＿＿ 씨	
① 자기 전에 뭘 해요?	＿＿＿
② 형제가 몇 명 있어요?	＿＿＿
③ 어느 나라에 여행가고 싶어요?	＿＿＿

＿＿＿＿＿ 씨	
① 어디에서 살아요?	＿＿＿
② 지금 무슨 드라마를 봐요?	＿＿＿
③ 가수는 누구를 좋아해요?	＿＿＿

【発表例】
누구일까요?
이 사람은 '동방신기'를 좋아한다고 했어요. 주말에 보통 잔다고 했어요.
…………

마코토 씨

☺ いろいろな質問を作ってインタビューして，誰なのかを当ててみましょう．

2 動 形 存 -았/었다고 했어요　～だったそうです　〈間接話法の過去〉

✎ -았/었다고 했어요は，過去について聞いたことを伝えるときに使います．指定詞の場合，体言の単語末にパッチムがないときは -였다고 했어요，あるときは -이었다고 했어요となります．

▶83

練習1　日本に来た韓流スターの感想をみんなに伝えてみましょう．

A : 일본에서 뭐 했다고 했어요?　日本で何をしたと言いましたか？
B : "팬 미팅을 했어요." ⇒
　　〈팬 미팅을 했〉다고 했어요.　ファンミーティングをしたそうです．

① "초밥을 먹었어요."
② "온천을 했어요."
③ "후지산을 보러 갔어요."

練習2　かおるさんとジェームスさんから聞いた話を伝えてみましょう．

저는 지난 주말에 친구를 안내했어요.
그리고 지난 휴가 때에는 일본에 갔다 왔어요.

가오루

① 가오루 씨는 지난 주말에 뭐 했다고 했어요?
② 가오루 씨는 휴가 때 뭐 했다고 했어요?

저는 1년 전에 미국에서 살았어요.
지난 주말에는 아파서 쉬었어요.

제임스

③ 제임스 씨는 1년 전에 어디에서 살았다고 했어요?
④ 제임스 씨는 지난 주말에 뭐 했다고 했어요?

いってみよう　～友だちの言ったことを伝えてみよう～

友だちと先週何をしたか話をしましょう．その後，友だちが何を言ったか間接話法でみんなに報告しましょう．

▶84

 　지난주에 뭐 했어요?

名前	話したこと
아사코	한국 뮤지컬을 봤어요.

아사코 씨가 지난주에
한국 뮤지컬을 봤다고 했어요.

74 (칠십사)

11課 십일과

3 形存-대요 ‖ 動-ㄴ/는대요　～だそうです　〈間接話法の縮約形〉

間接話法の縮約形で，おもに会話などでよく使われます．
　動詞の語幹　　パッチムがない場合 -ㄴ대요　　パッチムがある場合 -는대요
　形容詞や存在詞の語幹　　-대요
　☞ 過去形は品詞に関係なく　-았/었대요
　☞ 指定詞の場合は，-(이)래요 （過去形は -이었/였대요）

練習1　友だちたちの質問に答えましょう．

누가 뭐라고 했어요?　誰が何と言いましたか．

▶85

例)
성민　　「책이 재미없어요.」 ⇒ 성민 씨가 〈책이 재미없〉대요.
　　　　　　　　　　　　　　成珉さんが本がつまらないと言ってました．

① 제임스　「영어를 가르쳐요.」 ⇒ 제임스 씨가 ＿＿＿＿＿＿＿

② 가오루　「요즘 일찍 못 일어나요.」 ⇒ 가오루 씨가 ＿＿＿＿＿＿＿

③ 아사코　「한국어 공부가 재미있어요.」 ⇒ 아사코 씨가 ＿＿＿＿＿＿＿

④ 선생님　「친구 하고 등산했어요.」 ⇒ 선생님이 ＿＿＿＿＿＿＿

🗣 いってみよう　～うわさの達人ゲーム～

うわさを3つ作ります．1つだけ本当のことを混ぜて発表しましょう．

例)
　「서울에는 지하철이 6호선까지 있대요.」
　「남대문에 불이 났대요.」
　「10만 원짜리 지폐가 생겼대요.」

☺ 本当の話を当てましょう！

やってみましょう

(1) 本文の会話（p.72）を聞いて，質問に答えましょう．

① 아직 학교에 안 온 사람이 누구예요?
② 가오루 씨는 오늘 왜 결석했어요?
③ 제임스 씨가 아침에 뭐라고 했어요?
④ 제임스 씨는 지금 어디에 있어요?

(2) 下線部を入れ替えて，会話してみましょう．

A: 요즘 아사코 씨가 기운이 없어요.
B: 성민 씨하고 싸웠대요.
A: 그래요? 왜요?
B: 성민 씨가 일이 너무 바쁘대요.
A: 그럼, 주말에 아사코 씨를 위해서 파티를 할까요?
B: 네, 좋은 생각이에요.

例)
성민 씨하고 싸웠다
성민 씨가 일이 너무 바쁘다

①
식욕이 없다
음식이 입에 맞지 않다

②
요즘 기분이 안 좋다
시험을 잘 못 봤다

(3) 音声を聞いて，（　）の中に書きいれましょう．

선생님: 어! 가오루 씨하고 제임스 씨가 아직 ①(　　　　).
아사코: 선생님! 가오루 씨가 오늘 결석한다고 했어요.
선생님: 그래요? 왜요?
아사코: 어제 가오루 씨 ②(　　)가 한국에 ③(　　)고 했어요.
　　　　그래서 오늘은 어머니를 안내해야 한다고 했어요.
선생님: 제임스 씨는요?
유카리: 요즘 회사일이 ④(　　)고 했어요.
　　　　아, 제임스 씨한테서 문자가 왔네요.
　　　　30분 후에 ⑤(　　)대요.

11課　십일과

単語・表現

명사 (名詞)	동사 (動詞)	표현 (表現)
기분　　気分	가르치다　　教える	기운이 없다　　元気がない
기운　　元気	결석하다　　欠席する	늦게까지　　遅くまで
남대문　　南大門	등산하다　　登山する	문자가 오다　　携帯メールが来る
문자 [문짜]　　文字, 携帯メール	마중나가다　　迎えに行く	배가 아프다　　お腹が痛い
	생기다　　(なかったものが) できる	불이 나다　　火事が起きる
뮤지컬　　ミュージカル	쉬다　　休む	비가 오다　　雨が降る
발음　　発音	싸우다　　喧嘩する	시험을 잘 못 보다　　試験がうまくできない
보통　　普通	안내하다　　案内する	
소설　　小説		식욕이 없다　　食欲がない
식욕　　食欲	**형용사 (形容詞)**	10만 원짜리　　10万ウォン札
영어　　英語	덥다　　暑い	온천을 하다　　温泉に入る
온천　　温泉	바쁘다　　忙しい	일찍 못 일어나다　　早く起きれない
6호선　　6 号線	아프다　　具合悪い, 痛い	입에 맞지 않다　　口に合わない
이벤트　　イベント		재미없다　　面白くない
주말　　週末	**부사 (副詞)**	−짜리　　〜に値するもの
지난주　　先週	일찍　　早く	
지폐　　紙幣		
지하철　　地下鉄		
초밥　　寿司		
형제　　兄弟		
휴가　　休み		

できるかな？　チェック☑リスト

- [ ] 最近聞いた友だちや同僚，先生についての消息を伝えられますか.
- [ ] 最近のニュースの中で気になっていることを友だちに伝えられますか.
- [ ] トピックスを１つきめて（例：健康・最近の流行・ペットなど）それについて
知っていることを友だちと話し合うことができますか.

십이과 12課 ● 久しぶりに来てみて、どうですか？
오랜만에 와 보니까 어때요?

思い出を話す

아사코 : 여기가 성민 씨가 다니던 고등학교예요?
　　　　오랜만에 와 보니까 어때요?
　성민 : 학교가 많이 변했네요.
　　　　운동장이 좁아지고 건물이 많아졌어요.
아사코 : 그래요? 근데 성민 씨는 어떤 학생이었어요?
　성민 : 저는 책벌레였어요.
아사코 : 그랬어요?
　성민 : 그러고 보니까 여기 있던 벤치가 없어졌네요.
　　　　여자 친구가 생기면 같이 앉아 보고 싶었는데….

朝子： ここが成珉さんが通っていた高校ですか？
　　　 久しぶりに来てみて、どうですか？
成珉： 学校がずいぶん変わりましたね.
　　　 運動場(グラウンド)が狭くなって、建物(校舎)が増えました.
朝子： そうですか？ ところで成珉さんはどんな学生だったんですか.
成珉： 私は本の虫でした.
朝子： そうだったんですか.
成珉： そういえば、ここにあったベンチが無くなってしまいましたねえ.
　　　 ガールフレンドができたら一緒に座ってみたいと思っていたんですが….

12課　십이과

1　-던　　～ていた～　　〈過去回想連体形〉

✏️ パッチムの有無に関係なく用言の語幹について，過去に持続的に行われたことや繰り返し行われていたことを表します．過去に戻って目の前にそのことが起きているかのように回想しているニュアンスがあります．

▶89

練習1　学生時代の記憶に残っていることを答えましょう．

例) A：학교 다닐 때 얘기 좀 해 주세요.　学生時代の話を少ししてください．
　　B：〈친구들하고 수다를 떨〉던 생각이 나요.
　　　友だちとおしゃべりをしていた記憶が残っています．

例) 친구들하고 수다를 떨다
　　① 교실에서 도시락을 먹다
　　② 남자 친구하고 놀다
　　③ 입시 공부하다

練習2　昔のことを言ってみましょう．（答えは自由に）

例) A：고등학교 때 자주 가던 곳이 어디예요?
　　　高校のときよく行ったところはどこですか?
　　B：〈노래방이에요〉.　カラオケBOXです．

① 중학교 때 인기있던 일본 드라마가 뭐예요?
② 어렸을 때 자주 듣던 노래가 뭐예요?
③ 작년에 유행하던 옷이 어떤 옷이에요?
😊 他にも流行したものを思い出してみましょう．（例：漫画，アニメ，菓子etc）

 いってみよう　～私の履歴書～

▶90

昔の思い出を友だちと話し合ってみましょう．自分の思い出を振り返りながら，自己紹介をしてみましょう．

자주 하던 일?　　자주 듣던 음악?　　살던 동네?

😊 文章にまとめて発表してみましょう．

例) 어렸을 때 살던 곳은 고치 (高知) 근처의 작은 도시였어요.
　　초등학교 때 학교 운동장에서 친구하고 축구하던 생각이 나요.
　　그 때 유행하던 노래는….

2 -아/어 보니까　〜してみたら，〜たら　〈結果・発見〉

✎ 文の前半の行為や経験をしたことで，後半にくるような結果になったり発見があったということを表します.

☞ 았/었や겠とは一緒に使えません.

▶91

練習1　ソウルで経験した感想を言ってみましょう.

例) A：서울에서 뭐 했어요?　해 보니까 어땠어요?
　　　　ソウルで何をしましたか?　　してみてどうでしたか?

　　B：지하철을 탔다/편리했다 ⇒ 〈지하철을 타〉보니까〈편리했어요〉.
　　　　　　　　　　　　　　　　　　地下鉄に乗ってみたら便利でした.

① 닭갈비를 먹었다/　　② 가수를 직접 만났다/　　③ 쇼핑을 했다/
　맛있었다　　　　　　　정말 멋있었다　　　　　　물건이 싸고 좋았다

練習2　例にならって，いろいろな経験を話してみましょう.

例) A：어느 나라에 가 봤어요?　どの国へ行ってみましたか?

　　B：〈태국에 가〉보니까〈사람들이 친절했어요〉.
　　　　タイに行ってみたら人々が親切でした.

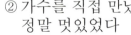

① 한국에서 어디에 가 봤어요?
② 아르바이트를 해 봤어요?
③ 어떤 음식을 먹어 봤어요?
④ 한국 사람하고 이야기해 봤어요?
☺ 자신의 경험에 대해서도 이야기해 봅시다.

- ✓태국/사람들이 친절하다
- 춘천/도시가 깨끗하다
- 백화점/재미있다
- 불닭/생각보다 안 맵다
- 유학생/말이 통해서 즐겁다

 いってみよう　〜遠くへ行きたい〜　　　　▶92

皆さんはどんな所に旅行したことがありますか? 旅行先での経験や発見を話しあって，友だちに勧めてみましょう.

| 어디를 가 봤어요?
가 보니까 어땠어요? | 언제 뭘 했어요?
해 보니까 어땠어요? | 어떤 음식을 먹어 봤어요?
먹어 보니까 어땠어요? |

☺ 친구의 경험을 듣고，가 보고 싶어진 장소와 이유를 발표합시다.

例) 아사코 씨는 서울에서 남산타워에 가 보니까 전망이 너무 좋았대요.
　　저도 가 보고 싶어요.

3 -아/어지다   ～くなる   〈状態の変化〉

✎ 形容詞の語幹について，ある状態になったことや，ある行為をすることになったことを表します．陽母音語幹には −아지다，陰母音語幹には −어지다 となります．

✎ ㅂ変則の場合はㅂが落ちて −워지다．

☞ 動詞の場合は，語幹末のパッチムに関係なく −게 되다「～ようになる，～することになる」がつきます．〈変化・なりゆき〉

▶93

【練習1】 韓国語の勉強をして，変化したことについて言ってみましょう．

例) A：이전에 비해서 한국어 공부가 어때요?
    以前に比べて韓国語の勉強はどうですか?

    B：발음이 좋다 ⇒ 〈발음이 좋아〉졌어요． 発音がよくなりました．

① 한국 드라마가 재미있다   ② 친구가 많다   ③ 문법이 어렵다〈ㅂ変〉

【練習2】 最近の皆さんの様子について，当てはまるほうを選んで答えてみましょう．

例) A：요즘 어떻게 지내요?   最近どうお過ごしですか?
    B：저는 몸이 (건강하다 / 약하다) 아/어졌어요．
    ⇒ 저는 몸이 〈건강해〉졌어요． 私は体が健康になりました．

① 눈이 (좋다 / 나쁘다) 아/어졌어요.
② 옛날보다 (게으르다 / 부지런하다) 아/어졌어요.
③ 일이 (바쁘다 / 한가하다) 아/어졌어요.
④ 아침에 (일찍 일어나다 / 일찍 못 일어나다)게 됐어요.

 いってみよう ～自分をカエル～

どうしたらよいか，方法を話し合ってみましょう．

| 어떻게 하면 건강해져요? | 例) 아침에 일찍 일어나면 건강해져요.

| 어떻게 하면 날씬해져요? | | 어떻게 하면 한국어 실력이 좋아져요? |

☺ 一番良い方法を話し合って決めましょう．

(1) 本文の会話 (p.78) を聞いて質問に答えましょう.

　① 두 사람은 지금 어디에 왔어요?
　② 그 학교는 어떻게 변했어요?
　③ 성민 씨는 벤치에서 뭐 하고 싶었어요?
　④ 성민 씨는 '책벌레'였다고 했어요. '책벌레'가 무슨 뜻일까요?

(2) 下線部を入れ替えて, 会話してみましょう.

　A: 아사코 씨는 고등학교 때 어떤 학생이었어요?
　B: 저는 성격이 활발했어요.
　A: 지금은 어때요?
　B: 많이 차분해졌어요.
　A: 그래요? 그런데 한국에서 살아 보니까 어때요?
　B: 교통이 편리하네요.

例)
성격이 활발했다
많이 차분하다
교통이 편리하다

①
몸이 약했다
많이 건강하다
음식이 맛있다

②
열심히 공부했다
노는 것을 좋아하다
사람들이 친절하다

(3) 音声を聞いて, (　) の中に書きいれましょう.

　아사코: 여기가 성민 씨가 다니던 대학교예요?
　　　　　3년 ①(　　　　　) 어때요?
　성민: 학교가 많이 변했네요.
　　　　옛날에는 ②(　　) 주차장이 생겼네요.
　아사코: 근데 성민 씨는 어떤 대학생이었어요?
　성민: 저는 ③(　　　)광 이었어요.
　아사코: 그랬어요?
　성민: 그러고 보니까 제가 ④(　　　) 테니스장이 ⑤(　　　　).
　　　　⑥(　　　　)이 생기면 같이 테니스를 치고 싶었는데….

12課　십이과

単語・表現

명사（名詞）		형용사（形容詞）		ちょこチャレ④の単語	
건물	建物	게으르다	なまけものだ〈르変〉	간호하다	看護する
고등학교	高等学校	나쁘다	悪い〈으変〉	느끼다	感じる
근처	近所	날씬하다	ほっそりしている	두근두근	ドキドキ
도시	都市	바쁘다	忙しい〈으変〉	따뜻하다	あたたかい
도시락	弁当	부지런하다	勤勉だ	뜻	意味
발음	発音	즐겁다	楽しい	문화	文化
벤치	ベンチ	차분하다	落ち着いている	사투리	方言
스포츠 광	スポーツ好き	친절하다	親切だ	새롭게	あらためて
옛날	昔	편리하다	便利だ	수줍음	恥じらい，はにかみ
운동장	運動場	한가하다	ひまだ		
입시	入試	활발하다	活発だ	알아듣다	聞き取る〈ㄷ変〉
작년	昨年	부사（副詞）		외롭다	さびしい
전망	眺め	열심히	熱心に	전라도	全羅道
책벌레	本の虫（読書家）	오랜만에	しばらくぶりに	정	情
초등학교	小学校	자주	しょっちゅう	죽을 끓이다	おかゆを炊く
축구	サッカー	표현（表現）		참	とても，実に
춘천	春川	그랬어요?	そうだったのですか		
태국	タイ	그러고 보니까	そういえば		
동사（動詞）		노는 것	遊ぶこと		
놀다	遊ぶ	말이 통하다	言葉が通じる		
다니다	通う	몸이 약하다	体が弱い		
변하다	変わる	생각보다	思ったより		
유행하다	流行する	생각이 나다	思い出す		
		수다를 떨다	おしゃべりする		
		어렸을 때	子供のころ		
		에 비해서	〜に比べて		

できるかな？　チェック☑リスト

☐ 小さかったころの思い出について言えますか．
（よくしていたこと，エピソードなど）

☐ 昔と比べて建物や風景が変わったことについて言えますか．

☐ 昔と比べて自分の性格や習慣がどう変わったのか言えますか．

83（팔십삼）

ちょこチャレ④ 이제는 한국의 "정"을 느낄 수 있습니다.
今では韓国の「情」を感じます.

1 次の絵に合う単語をさがしてください.

   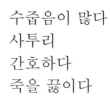

a.　　　　　b.　　　　c.　　　　d.

수줍음이 많다
사투리
간호하다
죽을 끓이다

2 いっしょに話しましょう.

① 언제부터 한국어를 공부했어요?
② 한국어를 공부하면서 기억에 남는 일이 뭐예요?

3 朝子さんのスピーチを読んで質問にこたえましょう.

▶96

　　안녕하십니까? 저는 이노우에 아사코입니다. 지금부터 1년 동안 한국어를 공부하면서 경험한 것들을 발표하려고 합니다.
　　저는 수줍음이 많은 편입니다. 그래서 한국에 온 지 얼마 안 됐을 때는 한국 사람을 만나면 가슴이 두근두근했습니다. 한국말도 잘 못 했으니까 하고 싶은 이야기를 잘할 수 없었습니다. 하지만 지금은 한국 사람들하고 이야기하는 게 재미있습니다. 그리고 하숙집 아주머니의 전라도 사투리도 알아들을 수 있게 되었습니다.
　　하숙집 아주머니는 요리도 잘하시고, 아주 친절하십니다. 그래서 우리 하숙집 친구들은 아주머니를 정말 좋아합니다. 제가 아팠을 때는 죽도 끓여 주시고 저를 간호해 주셨습니다. 하숙집 아주머니는 한국 사람들이 "정"이 많다고 했습니다. 처음에는 그 뜻을 몰랐는데 지금은 알 것 같습니다. 저도 이제는 선생님들, 반 친구들, 하숙집 친구들에게서 정을 느낄 수 있습니다. 한국에 와서 생활해 보니까 생각보다 외롭지 않았습니다.
　　한국에 와서 한국어와 한국 문화를 배울 수 있어서 참 좋았습니다. 저에게 한국은 참 따뜻한 나라입니다.

12課　십이과

(1) 読んだ内容について質問に答えましょう.

① 아사코 씨는 무엇을 발표했어요?
② 아사코 씨는 처음에 왜 이야기를 잘할 수 없었어요?
③ 아사코 씨는 한국에서 생활해 보니까 어떻다고 했어요?
④ 아사코 씨에게 한국은 어떤 나라예요?
⑤ "정"이 무엇일까요? (여러분의 생각을 말하세요)

(2) 次の単語を使って文を作りましょう.   ▶97

① 한국 / 오다 / 얼마 안 되다 / 때 / 한국 사람 / 만나다 /
   가슴 / 두근두근하다
② 하숙집 / 아주머니 / 전라도 사투리 / 알아듣다 / 있게 되다
③ 저 (제가) / 아프다 / 때 / 죽을 끓여 주다 / 저 / 간호하다
④ 한국 / 오다 / 생활해 보다 / 생각보다 / 외롭지 않다

(3) 朝子さんの話を, 自分が経験したように話してみましょう.

"제가 처음 한국어를 공부할 때 ……"

4　いっしょに話しましょう.

(1) 한국어를 공부하면서 한국에 대해서 새롭게 알게 된 게 있어요?
    좋은 점은 뭐예요? 나쁜 점은 뭐예요?

(2) 여러분이 알고 있는 한국 친구에 대해서 이야기해 주세요.
    그 친구를 어떻게 알게 됐어요? 어떤 사람이에요?

*～에 대해서：～について

5　韓国語を学んだ感想を書いて発表しましょう.

◆ 用言の活用例　　【 　】は変則用言

基本形	-기 전에/ -지 마세요	는/-(으)ㄴ	-(으)세요	-(으)면/면서	-(으)려고	-(으)ㄴ지
읽다	읽기/읽지	읽는/읽은	읽으세요	읽으면서	읽으려고	읽은 지
가다	가기/가지	가는/간	가세요	가면서	가려고	간 지
하다	하기/하지	하는/한	하세요	하면서	하려고	한 지
맛있다	—	맛있는	맛있으세요	맛있으면서	—	—
재미없다	—	재미없는	재미없으세요	재미없으면서	—	—
받다	받기/받지	받는/받은	받으세요	받으면서	받으려고	받은 지
듣다【ㄷ】	듣기/듣지	듣는/들은	들으세요	들으면서	들으려고	들은 지
쉽다【ㅂ】	—	쉬운	쉬우세요	쉬우면서	—	—
맵다【ㅂ】	—	매운	매우세요	매우면서	—	—
외롭다【ㅂ】	—	외로운	외로우세요	외로우면서	—	—
춥다【ㅂ】	—	추운	추우세요	추우면서	—	—
줍다【ㅂ】	줍기/줍지	줍는/주운	주우세요	주우면서	주우려고	주운 지
돕다【ㅂ】	돕기/돕지	돕는/도운	도우세요	도우면서	도우려고	도운 지
게으르다【르】	—	게으른	게으르세요	게으르면서	—	—
부르다【르】	부르기/부르지	부르는/부른	부르세요	부르면서	부르려고	부른 지
달다【ㄹ】	—	단	다세요	달면서	—	—
놀다【ㄹ】	놀기/놀지	노는/논	노세요	놀면서	놀려고	논 지
만들다【ㄹ】	만들기/만들지	만드는/만든	만드세요	만들면서	만들려고	만든 지
살다【ㄹ】	살기/살지	사는/산	사세요	살면서	살려고	산 지
쓰다【으】	쓰기/쓰지	쓰는/쓴	쓰세요	쓰면서	쓰려고	쓴 지
아프다【으】	—	아픈	아프세요	아프면서	—	—

◆ 特別な尊敬語

자다 → 주무세요	먹다 → 드세요	마시다 → 드세요
있다 → 계세요, 있으세요	죽다, 죽었다 → 돌아가셨어요	말하다 → 말씀하세요
아프다 → 편찮으세요	(이)다 → (이)세요	뭐예요? → 어떻게 되세요?

◆【手段】　-(으)로　〜で　　＊「歩いて」は걸어서

-으로 (パッチム有)	-로 (パッチム無)
신칸센으로	버스로
특급(特急)으로	자전거로
유람선(遊覧船)으로	＊지하철로(ㄹ語幹)

-(으)ㄴ 다음에	-(으)니까	-(으)ㄹ 때	-(으)ㄹ 것 같다	-아/어서	-아야/어야	아/어지다
읽은 다음에	읽으니까	읽을 때	읽을 것 같다	읽어서	읽어야	—
간 다음에	가니까	갈 때	갈 것 같다	가서	가야	—
한 다음에	하니까	할 때	할 것 같다	해서	해야	—
—	맛있으니까	맛있을 때	맛있을 것 같다	맛있어서	맛있어야	맛있어지다
—	재미없으니까	재미없을 때	재미없을 것 같다	재미없어서	재미없어야	재미없어지다
받은 다음에	받으니까	받을 때	받을 것 같다	받아서	받아야	—
들은 다음에	들으니까	들을 때	들을 것 같다	들어서	들어야	—
—	쉬우니까	쉬울 때	쉬울 것 같다	쉬워서	쉬워야	쉬워지다
—	매우니까	매울 때	매울 것 같다	매워서	매워야	매워지다
—	외로우니까	외로울 때	외로울 것 같다	외로워서	외로워야	외로워지다
—	추우니까	추울 때	추울 것 같다	추워서	추워야	추워지다
주운 다음에	주우니까	주울 때	주울 것 같다	주워서	주워야	—
도운 다음에	도우니까	도울 때	도울 것 같다	도와서	도와야	—
—	게으르니까	게으를 때	게으를 것 같다	게을러서	게을러야	게을러지다
부른 다음에	부르니까	부를 때	부를 것 같다	불러서	불러야	—
—	다니까	달 때	달 것 같다	달아서	달아야	달아지다
논 다음에	노니까	놀 때	놀 것 같다	놀아서	놀아야	—
만든 다음에	만드니까	만들 때	만들 것 같다	만들어서	만들어야	—
산 다음에	사니까	살 때	살 것 같다	살아서	살아야	—
쓴 다음에	쓰니까	쓸 때	쓸 것 같다	써서	써야	—
—	아프니까	아플 때	아플 것 같다	아파서	아파야	아파지다

間接話法	現在 -다고 했어요, -ㄴ/는다고 했어요	過去 -았/었다고 했어요, -았/었대요	縮約形（現在 / 過去） -대요, -ㄴ/는대요
形容詞 아프다【으】 덥다【ㅂ】 좋지 않다	아프다고 했어요 덥다고 했어요 좋지 않다고 했어요	아팠다고 했어요 더웠다고 했어요 좋지 않았다고 했어요	아프대요/아팠대요 덥대요/더웠대요 좋지 않대요/좋지 않았대요
이다/아니다	パッチム有 이라고 했어요 パッチム無 라고 했어요	이었다고 했어요 였다고 했어요	이래요/이었대요 래요/였대요
動詞 가다 듣다【ㄷ】 살다【ㄹ】 읽지 않다	간다고 했어요 듣는다고 했어요 산다고 했어요 읽지 않는다고 했어요	갔다고 했어요 들었다고 했어요 살았다고 했어요 읽지 않았다고 했어요	간대요/갔대요 듣는대요/들었대요 산대요/살았대요 읽지 않는대요/읽지 않았대요
있다/없다	있다고 했어요 없다고 했어요	있었다고 했어요 없었다고 했어요	있대요/있었대요 없대요/없었대요

単語集（韓－日）

*は，ハングル検定試験5級レベルの基本単語です．末尾の丸数字は本書での初出の課を示しています．
発音に注意が必要な場合は［ ］の中に発音通りのハングルを示してあります．
（→）は基本形を示しています．【 】は変則用言です．

ㄱ

*가/이	～が	
*가게	店	
*가깝다	近い【ㅂ】	⑤
가끔	ときどき	
*가다	行く	
*가르치다	教える	①
*가방	カバン	
가볍다	軽い【ㅂ】	
가수	歌手	
*가슴	胸	
가위	はさみ, チョキ	
*가을	秋	
가장	もっとも	
*가족	家族	
가지고 다니다	もって歩く	②
*가지다	持つ	
간직하다[간지카다]	大切に保管する	⑧
간호사[가노사]	看護師	
간호하다[가노하다]	看護する	⑫
갈비	カルビ	
갈비탕	カルビタン	④
갈아입다	着替える	②
갈아타다	乗り換える	⑤
*감기	風邪	
감기에 걸리다	風邪をひく	②
*감다	巻く，（目）を閉じる	⑨
감상	鑑賞	
감자	ジャガイモ	
감자탕	ジャガイモ鍋	
갑자기	急に	④
*값	値段	
*강	川	
강가	川べ	
강아지	子犬	②
강하다	強い	③
갖고 싶다	ほしい(持ちたい)	⑧
*같다	同じだ	
*같이	～のように	
*같이	いっしょに	②
*개	イヌ	②
개	個	
개구리	カエル	
*거기	そこ	
거리	街, 通り	
거울	鏡	⑦
*거의[거이]	ほとんど	
거짓말[거진말]	嘘	
건너다	渡る	⑤

건너편	向こう側	⑤
걷다	歩く【ㄷ】	⑤
*걸다	かける	
*걸리다	(時間が) かかる	
검은	黒い(→검다)	
것	もの, こと	
게으르다	不精だ【르】	⑩
게임	ゲーム	
*겨울	冬	⑧
겨울연가	冬のソナタ	⑨
*결과	結果	
결석하다	欠席する	⑪
*결혼(식)	結婚(式)	⑧
결혼하다	結婚する	①
경주	慶州《地名》	①
계산(하다)	計算(する)	⑦
*계시다	いらっしゃる	
*계획	計画	①
*고기	肉, 魚	
*고등학교	高等学校	②
고등학생	高校生	
고맙다	ありがたい【ㅂ】	
고백하다	告白する	⑥
고양이	ネコ	
*고추	とうがらし	
*고프다	(お腹が)すく【으】	
고향	故郷	
곤란하다	こまる	⑦
*곧	すぐに	
골프를 치다	ゴルフをする	①
*공	ゼロ	
공동으로	共同で	③
공무원	公務員	
*공부	勉強	
공원	公園	⑤
공포 영화	ホラー映画	④
*과/와	～と	
과목	科目	
*과일	果実	
과자	菓子	
관광	観光	
관광지	観光地	⑨
관심	関心	
관전	観戦	
광복절	光復節(8月15日)	
광화문	光化門	⑤
*괜찮다[괜찬타]	だいじょうぶだ	
*교과서	教科書	
*교사	教師	
*교실	教室	
*교원	教員	

교통	交通	④
교환	交換	⑦
*구	九	
구경	見物	⑨
구경하다	見物する	①
*구두	くつ	
구두를 신다	靴を履く	⑦
*구름	雲	
*구월	九月	
국	スープ	③
국물[궁물]	スープ	
국회의사당	国会議事堂	③
굽다	焼く【ㅂ】	③
권	～冊《単位》	
*귀	耳	
귀걸이	イヤリング	⑦
귀엽다	かわいい【ㅂ】	⑧
규칙	規則	③
귤	みかん	
*그	その	
그분	その方(かた)	
*그것	それ	
그게(=그것이)	それが	
그날	その日	
그냥	そのまま	
그동안	この間(かん)	
*그때	その時	
그랬어요?	そうだったのですか	⑫
그러고 보니까	そういえば	⑫
*그러나	しかし	
그러세요	そのようにしてください	⑦
그런데	ところで	
그럼	じゃあ, では	
*그리고	そして	
그리다	描く	⑧
그림	絵	
극장	劇場, 映画館	②
근	～斤《単位》	
근처	近所	③
글	文字	
금연	禁煙	
*금요일	金曜日	
*금주	今週	
*급	級	
급하다	せっかちだ	⑩
기능	機能	④
*기다리다	待つ	
기름기[-끼]	脂身	④
기름기가 많다	脂っこい	④

*기분	気分	⑪
기쁘다	嬉しい【으】	
기숙사	寄宿舎	①
기운	元気	⑪
기자	記者	②
*기차	汽車	
기침	咳	⑨
기침이 심하다	咳がひどい	⑨
*길	道	
*길다	長い	
길을 잃다	道を失う，迷う	⑥
길을 헤매다	道に迷う	⑥
김	海苔	⑦
김밥	のり巻き	
*김치	キムチ	
*까지	〜まで	
깍두기 [깍뚜기]	カクテギ	
깎다 [깍따]	値引する	⑦
깨끗하다 [깨끄타다]	きれいだ	
께	(人)に	
께서	(人)から，(人)が	
꼭	必ず	
*꽃	花	⑧
꽃미남 [꼰미남]	イケメン	
꿈이 크다	夢が大きい	④
끄다	消す	
*끊다 [끈타]	切る，やめる	
*끝	終わり，端	
끝나다 [끈나다]	終わる	①
끼다	(手袋，指輪など を)はめる	⑦

ㄴ

-ㄴ 다음에	〜した後に	⑥
*나	わたし	
*나가다	出て行く	⑤
*나다	出る	
*나라	国	
*나무	木	
나무가 많다	緑が多い	④
*나쁘다	悪い【으】	⑨
*나오다	出てくる	⑥
*나이	歳，年齢	
나중에	後で	①
낚시 [낙씨]	つり	
낚시하다	釣りをする	⑥
날	(〜の)日	
*날씨	天気	③
날씬하다	すらりとしている	④
남기다	残す	③
*남다 [남따]	残る，余る	
남대문	南大門	⑪
남동생	弟	
*남자	男性	
남자 배우	男優	⑥
*남편	夫	

남해	南海	⑨
*낮	昼	
*낮다 [낟따]	低い	
낮잠 [낟짬]	昼寝	
*내	わたし，わたしの	
*내년	来年	
*내다	出す	
*내리다	降りる，降ろす	⑤
내용	内容	⑥
내일	明日	⑧
*냉면	冷麺	
냉장고	冷蔵庫	
너	きみ，おまえ	
*너무	とても	
넓다 [널따]	広い	④
넘다	越える	②
*넣다 [너타]	入れる	⑦
*네	はい	
*네	四つの	
*넷	四つ	
노란	黄色い(→노랗다)	
노래	歌	
노래방	カラオケBOX	⑥
*노트	ノート	
*놀다	遊ぶ	⑫
*놀라다	驚く	⑧
놀이 공원	遊園地	⑥
놀이 기구	乗りもの	⑥
*농구	バスケットボール	
농담	冗談	
*높다 [놉따]	高い	②
*놓다 [노타]	置く	
*누가	誰が	
*누구	誰	
*누나	姉(弟から見た)	
*눈	目，雪	
*뉴스	ニュース	
느긋하다	のんびりしている	⑩
느끼다	感じる	⑫
느리다	遅い	
*는	〜は	
늦게	遅く	③
늦게까지	遅くまで	⑪
*늦다 [늗따]	遅れる，遅い	③

ㄷ

*다	すべて，全部	
*다니다	通う	
다르다	違う，別だ【르】	
*다리	脚	
다리	橋	
다리	足，脚	⑨
다리를 삐다	脚をねん挫する	⑨
*다섯	いつつ	
*다시	また	
*다음	次の	

*다음달 [다음딸]	来月	
*다음주 [다음쭈]	来週	④
다치다	怪我する	⑨
닦다 [닥따]	ふく	⑦
단성사	団成社(劇場名)	⑤
*단어	単語	⑩
단풍	もみじ	④
*닫다 [닫따]	閉める【ㄷ】	
*달	月	
달다	甘い	④
달리다	走る	
*닭 [닥]	ニワトリ	
닭갈비 [닥깔비]	鶏カルビ	
담배	タバコ	
담배를 피우다	タバコを吸う	③
담백하다 [담배카다]	さっぱりしている	④
당신	あなた	
대	〜台《単位》	
대구	大邱《地名》	
*대단히 [대다니]	とても，たいへん	
*대학	大学，学部	
*대학교 [대학꾜]	大学	
*대학생 [대학쌩]	大学生	
대학원	大学院	①
대화하다	対話する	⑩
댁	お宅	
댄서	ダンサー	
*더	もっと	
더럽다	汚い【ㅂ】	
더위	暑さ	⑨
더위를 먹다	暑さにやられる	⑨
*덥다	暑い【ㅂ】	⑪
데리고 오다	つれてくる	③
데이트	デート	
*도	〜も	
*도서관	図書館	
도시	都市	⑫
도시락	弁当	⑤
도시락을 싸다	弁当を作る	⑤
도착하다 [도차카다]	到着する	
도토리	どんぐり	
독일	ドイツ	②
*돈	お金	③
돈이 생기다	お金ができる	①
돌다	曲がる，回る	⑤
돌솥비빔밥	石焼きビビンパ	
*돌아가다	帰っていく	
*돌아오다	帰ってくる	
돕다	手伝う【ㅂ】	⑦
동대문	東大門	⑤
동료 [동뇨]	同僚	④
동물	動物	②
동사	動詞	
*동생	弟，妹	
동아리	サークル	③

동안	(時間の)間	⑨
*돼지	ブタ	
*되다	なる，できる	
*두	二つの	
두 달	2ヶ月	②
두근두근	ドキドキ	⑫
*두다	置く	
두부찌개	豆腐チゲ	
*둘	二つ	
*뒤	後ろ	⑤
*뒤쪽	後ろの方，後ろ側	
드라마	ドラマ	
드라이브	ドライブ	
드리다	さしあげる	
듣기[듣끼]	聞き取り	⑩
듣다	聞く【ㄷ】	
들	〜たち《複数》	
*들다	入る，持つ，召し上がる	
들다	持ち上げる	⑨
*들리다	聞こえる	
*들어가다	入っていく	
*들어오다	入ってくる	
등산	登山	④
등산하다	登山する	⑨
디자이너	デザイナー	
따갑다	ひりひりする【ㅂ】	⑨
따뜻하네요	温かいですね	③
따뜻하다[따뜨타다]		
	あたたかい	⑫
따라	ついて(あとに)	
따로따로	別々に	⑦
*딸	娘	
때	〜のとき	④
*떠나다	離れる	
떠나다	発つ	⑨
떡	餅	
떡볶이	トッポッキ	
*떨어지다	落ちる，離れる	
*또	また	
뛰다	とぶ，走る	
뜨겁다	熱い【ㅂ】	⑨
*뜨다	(目を)開く	
*뜻	意味，意志	⑫
띄어쓰기[띠어쓰기]	分かち書き	

ㄹ

(이)라고	〜と	
(이)라도	〜でも	
*라디오	ラジオ	
라면	ラーメン	
라이터	ライター	
(으)러 가다	〜しに行く	②
*(으)로	〜で	
롯데월드	ロッテワールド	⑤
*를/을	〜を	
리포트	レポート	

ㅁ

마감	締切り	
마당	庭	④
마리	〜匹，〜羽《単位》	
*마시다	飲む	
*마음	心，気持ち	⑧
마음에 들다	気に入った	③
마중(하다)	出迎え(する)	
마중나가다	迎えに行く	⑪
마지막	最後	
마지막으로	最後に	②
마흔	四十	
막걸리[막껄리]	マッコリ	
막히다[마키다]	混む，つまる	
*만	万	
*만	〜だけ	
*만나다	会う	
만년필	万年筆	⑧
*만들다	作る	①
만지다	いじる，触る	⑥
만화	マンガ	
*많다[만타]	多い	
*많이[마니]	多く	
*맏이[마지]	長男，長女	
*말	ことば	
말다	止める	
말씀하다	おっしゃる	③
말이 통하다	言葉が通じる	⑫
말하기	話すこと	⑩
*말하다	話す，言う	
맘껏 즐기다	思う存分楽しむ	⑨
*맛	味	
*맛없다[마덥따]	まずい	
맛있게	おいしく	⑦
*맛있다[마딛따/마싣따]	おいしい	
*맞다[맏따]	合う	⑦
맞추다	あつらえる	⑦
맡다	預かる	⑦
매	〜膳《単位》	
매운	辛い(→맵다)	
*매일	毎日	
매진	売り切れ	⑥
매진되다	完売する	⑧
맥주[맥쭈]	ビール	
맵다	辛い【ㅂ】	④
*머리	頭，髪	④
*먹다	食べる	
*먼저	先に	③
멋있다[머싣따]	かっこいい	
멋지다	かっこいい	③
멍게	ホヤ	
멍멍	ワンワン(犬のなき声)	②
메모하다	メモする	④
메일	メール	
며칠	何日(か)	⑨

면도하다	ひげをそる	②
면세점	免税店	⑤
명	〜名《単位》	
명동	明洞	⑤
명사	名詞	
명함	名刺	
*몇	いくつ	
몇 시[멷씨]	何時	
몇월며칠[며둴며칠]	何月何日	
모국어	母国語	③
모닝콜	モーニングコール	⑦
*모두	全部(で)，みんな	⑨
*모레	明後日	
*모르다	知らない【르】	
모양	ようす，姿	
모임	集まり	④
모자	帽子	③
목	のど，首	③
목도리	マフラー	⑧
목소리	声	⑧
*목요일	木曜日	
목욕	風呂，入浴	
목을 많이 쓰다	のどを多く使う	⑧
몫	分け前	
몸	からだ	
몸살	疲れが出た症状	⑨
몸이 약하다	体が弱い	⑫
*못	〜できない	
*못하다[모타다]	できない	
무	ダイコン	
무겁다	重い【ㅂ】	
무덥다	むし暑い【ㅂ】	
무료	無料	⑦
무리하다	無理する	③
무섭다	怖い【ㅂ】	④
*무슨	何の	
*무엇(뭐)	何	
*문	門	
문구	文具	⑧
문법	文法	③
문워크 댄스	ムーンウォーク	
	ダンス	⑧
문자[문짜]	携帯メール	⑥
문자가 오다	携帯メールが	
	来る	⑪
*문제	問題	
문제를 풀다	問題を解く	⑩
문화	文化	⑫
묻다	尋ねる【ㄷ】	
*물	水	
물건	もの，品物	
물고기	魚	
뭐가 나다	何か(できもの等)が	
	できる	⑨
뭘요	とんでもありません	⑧
뮤지컬	ミュージカル	⑩

미국	アメリカ		별 말씀을요	とんでもありません	⑧	*비싸다	(値段が)高い
미로	迷路	⑥	별거 아니에요	大したことではないですよ	⑧	*비행기	飛行機
미술관	美術館	④	별로	別に		빌딩	ビル ④
*미안하다	すまない		별로	あまり～ない ⑥		빌리다	借りる, 貸す ⑦
미역국[미역꾹]	わかめスープ ②		별로(이)다	大したことない ⑥		빠르다	速い【르】
미용사	美容師		*병	病気		*빨간	赤い(→빨갛다) ⑧
미인	美人		*병	瓶		빨갛다	赤い
미장원	美容院 ②		*병원	病院 ①		빨래	洗濯
*믿다	信じる		보	ふろしき, パー		*빨리	早く ①
*밑	下		*보내다	送る, 届ける		*빵	パン

ㅂ

바꾸다	換える, 取りかえる ⑦		*보다	見る, (試験を)受ける		뽀뽀	キス

ㅅ

바뀌다	変わる ①		*보다	～より		*사	四
바다	海		보러 가다	見に行く ③		사거리	交差点, 四つ角 ⑤
바람	風		*보이다	見える		*사과	リンゴ
바로	すぐ ⑤		보이다	見せる ⑦		사귀다	つきあう ④
바베큐	バーベキュー ⑥		보이소	ご覧ください《方言》⑨		상냥하다	優しい
바쁘다	忙しい【으】 ①		보자기	ポジャギ ①		*사다	買う
바위	岩, グー		보통	普通 ⑪		*사람	ひと
*바지	ズボン		보트	ボート ⑥		사랑하다	愛する ⑧
박물관[방물관]	博物館 ⑩		볶다	炒める ⑥		사서	司書
*밖	外		*볼펜	ボールペン		사용설명서	使用説明書 ⑩
*반	半分, 半		*봄	春		사용하다	使用する, 使う ③
반	クラス, 班 ③		봉지	袋		*사월	四月
반갑다	うれしい【ㅂ】		부르다	歌う, 呼ぶ【르】⑥		사은품	謝恩品 ⑦
*받다	受ける【ㄷ】		부모님	ご両親 ①		사이	間 ⑤
*발	足		부부	夫婦		사이소	買ってください《方言》⑨
발음	発音 ⑪		부사	副詞		사전	辞典
밝다[박따]	明るい		부산	釜山《地名》⑨		*사진	写真
밟다[밥따]	踏む		부엌	台所 ③		사진을 찍다	写真を撮る ④
*밤	夜, クリ		부지런하다	勤勉だ ⑫		사탕	あめ, キャンディー
*밥	ご飯		부치다	送る ⑦		사투리	方言 ⑫
*방	部屋		*부터	～から		*산	山
방학	(学校の)休み		분	方(かた)		산책	散歩, 散策
*배	船, お腹, 倍		분	分《時間》		살	～歳《単位》
배우	俳優		분위기	雰囲気 ⑧		*살다	住む, 暮らす, 生きる ①
*배우다	学ぶ, 習う ①		*불	火		살짝	ちょこっと, こっそり
배웅하다	見送る		불가사리	ヒトデ ⑥		*삼	三
배추	白菜		*불고기	プルコギ, 焼肉		3개월	3ヶ月 ②
*백	百		불국사	仏国寺 ⑥		삼겹살	サムギョプサル, 三枚肉
백화점[배콰점]	デパート, 百貨店		불꽃놀이	花火 ③		삼계탕	サムゲタン, 参鶏湯
뱀	ヘビ ⑥		불닭	プルダク ④		*삼월	三月
*버리다	捨てる		불면증	不眠症 ⑨		삼일절	三一節(3月1日)
*버스	バス		불이 나다	火事が起きる ⑪		상사	上司
버찌	サクランボ		불조심	火の用心		*상점	商店
번	～度, ～回, ～番		불편하다	不便だ, 具合が悪い ⑨		*새	鳥
번호	番号		붕어빵	たい焼き		새롭게	あらためて ⑫
벌레	虫		*붙다	付く		색	色
벌레에 물리다	虫に刺される ⑨		*비	雨		샐러드	サラダ
*벗다	脱ぐ		비가 오다	雨が降る ⑪		*생각	考え
벚꽃	桜 ③		비누	石けん			
벚꽃 구경	花見 ⑥		*비디오	ビデオ			
밴드활동	バンド活動		비밀	秘密			
벤치	ベンチ ⑫		*비빔밥[비빔빱]	ビビンパ			
변하다	変わる ⑫						

*생각되다	考えられる，思われる	
생각보다	思ったより ⑥	
생각이 나다	思い出す ⑫	
*생각하다 [생가카다]	考える，思う	
생기다	（なかったものが）できる ⑪	
생선	魚，鮮魚 ③	
*생일	誕生日 ②	
생활	生活 ①	
샤워	シャワー	
샤프펜	シャーペン	
샴푸	シャンプー	
*(에)서	～で	
*서다	立つ	
서랍	引き出し ⑤	
서른	三十	
*서울	ソウル《地名》	
서울타워	ソウルタワー ⑤	
서점	書店	
선글라스	サングラス ③	
*선물	プレゼント	
선물하다	プレゼントする ⑧	
선배	先輩	
*선생님	先生	
선생님이 되다	先生になる ①	
선수	選手	
설날 [설랄]	元旦	
설렁탕	ソルロンタン ④	
*설탕	砂糖	
섬	島 ②	
성격	性格 ④	
성격이 좋다	性格がよい ④	
성묘	墓参り	
성실하다	誠実だ ④	
성함	お名前 ①	
*세	三つの	
세계 일주	世界一周 ①	
*세다	数える	
세수	洗顔	
세수하다	顔を洗う ②	
*세우다	立てる，（車を）止める	
세일	セール	
세탁	洗濯	
*셋	三つ	
*소	牛	
소개	紹介 ⑦	
*소금	塩	
*소리	声，音	
소설	小説 ⑪	
소스	ソース ⑥	
소주	焼酎	
소중히	大切に ⑧	
소중히 간직하다	大切にする ⑧	
소파	ソファ	
소풍	遠足 ⑨	

소화	消化	
소화가 안 되다	消化が悪い ⑨	
*속	中，体の中（胃）	
속이 불편하다	胃がもたれる ⑨	
*손	手	
손수건	ハンカチ	
*쇠고기 (소고기)	牛肉	
쇼핑	買い物	
쇼핑백	レジ袋 ⑦	
*수	数	
수다를 떨다	おしゃべりする ⑫	
수박	スイカ	
*수업	授業	
수업 시간	授業時間 ③	
수영	水泳	
*수요일	水曜日	
수줍음	恥じらい，はにかみ ⑫	
수첩	手帳	
숙박하다	宿泊する ①	
*숙제 [숙쩨]	宿題	
순대볶음	スンデ炒め ⑥	
순대타운	スンデタウン ⑥	
숟가락 [숟까락]	スプーン ③	
*술	酒	
술에 취하다	酒に酔う ⑨	
*숫자 [숟짜]	数字	
쉬다	休む ①	
쉬워요	易しいです（→쉽다）	
쉰	五十	
*쉽다	易しい【ㅂ】	
슈퍼마켓	スーパー	
스노우보드	スノーボード	
스마트폰	スマートホン	
*스무	二十	
*스물	二十の	
스웨터	セーター	
스쿠버다이빙	スキューバダイビング ①	
스키	スキー	
스탠드	スタンド	
스트레스	ストレス ⑨	
스파게티	スパゲッティ	
*스포츠	スポーツ	
스포츠광	スポーツマニア ⑫	
슬프다	悲しい【으】 ④	
시	～時	
*시간	時間	
*시계	時計	
시계를 차다	時計をする ⑦	
시끄럽다	うるさい【ㅂ】	
시내	市内	
*시디	ＣＤ	
시디플레이어	ＣＤプレイヤー	
시소	シーソー	
시원하다	さっぱりしている，涼しい	

*시월	十月	
*시작	始め	
*시작되다	始まる	
*시작하다	始める	
*시장	市場	
시청	市役所（市庁）	
*시키다	させる，注文する	
*시험	試験	
*시험(을) 보다	試験を受ける ①	
시험을 못 보다	試験がうまくできない ①	
시험을 잘 보다	試験でよい点数が取れる ①	
*식당 [식땅]	食堂	
식도락 [식또락]	グルメ	
식목일 [싱모길]	植樹の日（4月5日）	
*식사	食事	
식욕	食欲 ④	
식탁	食卓	
식혜	韓国式甘酒 ④	
신칸센	新幹線（日本の）⑤	
*신다 [신따]	履く	
신림동	新林洞《地名》⑥	
*신문	新聞	
*신발	履き物，靴	
신세를 지다	世話になる	
신촌	新村《地名》①	
싣다	載せる【ㄷ】	
*싫다 [실타]	いやだ，嫌う ④	
*싫어하다 [시러하다]	嫌いだ，いやがる ⑧	
심볼	シンボル	
심하다	ひどい ⑨	
*십	十	
*십이월	十二月	
*십일월	十一月	
싸게	安く ⑦	
*싸다	安い ④	
싸다	包む ⑦	
싸우다	喧嘩する ⑪	
**쓰다	使う，書く，かぶる【으】	
쓰다	苦い ④	
쓰레기통	ゴミ箱	
씨	～さん，～氏	
씻다	洗う	

〇

*아	ああ	
*아내	妻，家内	
*아뇨	いいえ	
*아니	～ない，いや	
*(～이/가) 아니다	～（では）ない	
아니에요	そんなことありません ⑧	
아들	息子	

*아래	下	⑤
아르바이트	アルバイト	
*아름답다	美しい【ㅂ】	
*아버지	おとうさん	
아빠	パパ	
아쉽다	惜しい【ㅂ】	
*아이	こども	
아이스크림	アイスクリーム	
*아저씨	おじさん	
*아주	とても	
*아주머니	おばさん	
*아침	朝	
*아프다	痛い，具合が悪い【으】	④
*아홉	九つ	
*안	中	⑤
*안 ～	～ない	
*안경	眼鏡	⑦
안경을 맞추다	眼鏡を作る	⑦
안내하다	案内する	③
*안녕	さよなら，こんにちは，じゃあ	
*안되다	うまくいかない	
*앉다［안따］	座る	
*알다	知る，わかる	
알아듣다	聞き取る【ㄷ】	⑫
알아보다	調べる	③
알약［알략］	錠剤	⑨
암산	暗算	⑩
*앞	前	⑤
애인	恋人	⑧
약국	薬局	⑤
액자	額縁，写真立て	⑧
야채	野菜	⑥
약사	薬剤師	
*약속	約束	⑨
얇다［얄따］	薄い	
양	羊，量	
*양말	靴下	
*양쪽	両方	
얕다	浅い	
어깨	肩	
*어느	どの	
*어느 것	どれ	
어느 분	どなた	
*어느 쪽	どちら	
어둡다	暗い【ㅂ】	
*어디	どこ	
*어때요?	どうですか？（→어떻다）	
어떠세요?	どうですか？	⑦
*어떤	どんな	
*어떻게［어떠케］	どうやって，どのように	⑩
어떻게 되다	どうなる（どのようになる）	①
어떻다［어떠타］	どうである【ㅎ】	
*어렵다	難しい【ㅂ】	
어렸을 때	こどもの頃	⑫
어른	大人，自分より目上の方	③
어린이	こども	
어린이날	こどもの日（5月5日）	
*어머니	おかあさん	
어버이날	父母の日	
어울리다	似合う	⑧
*어제	昨日	
어학연수［어항녕수］	語学研修	③
*언니	姉（妹から見て）	
*언제	いつ	
*언제나	いつも	
*얼굴	顔	⑨
*얼마	いくら	
얼마나	どのくらい	
얼마나 걸려요?	どのくらい（時間が）かかりますか？	⑤
얼마 동안	どのくらい	①
엄격하다［엄껴카다］	厳しい	
엄마	ママ	
*없다	無い，いない	
*에	～に	
～에 비해서	～に比べて	⑫
*에게	～（人）に	
*에서	～（場所）で，～（場所）から	
에어로빅스	エアロビクス	
에어컨	エアコン	
여권［여꿘］	パスポート	③
여기	ここ	
*여덟［여덜］	八つ	
여동생	妹	
여러	いろいろな	③
여러분	皆さん	⑨
*여름	夏	②
여름휴가	夏休み	④
*여보세요	もしもし	
*여섯	六つ	
여우	キツネ	
여유	余裕	
여의도	汝矣島《地名》	③
*여자	女性	
*여행	旅行	
여행하다	旅行する	①
*역	駅	⑤
연기	演技	⑥
연락［열락］	連絡	
연세	お歳	
연습하다	練習する	③
연예인	芸能人	⑥
*연필	鉛筆	
*열	十（とお）	
열	熱	⑨
열다	開ける	
열두	十二	
열쇠	鍵	
열쇠고리	キーホルダー	
열심히	熱心に	⑫
열이 나다	熱が出る	⑨
열하나［여라나］	十一	
영	ゼロ，零（れい）	
*영어	英語	⑪
영화	映画	
영화제	映画祭	⑨
*옆	横	⑤
*예	はい	
예매하다	前売り券を買う	⑥
예쁘게	きれいに	⑦
예쁘다	かわいい【으】	
예습하다	予習する	⑤
예요［에요］	～です	
옛날［옌날］	昔	①
*오	五	
*오늘	今日	
*오다	来る	
오랜만에	しばらくぶりに	⑫
오른쪽	右	③
오빠	兄（妹から見て）	
*오월	五月	
오이	きゅうり	
오이소	いらっしゃい《方言》	⑨
*오전	午前	
오토바이	オートバイ	
오픈	オープン	
*오후	午後	
온천	温泉	④
올라가다	上る	
*올해	今年	⑧
*옷	服	
옷장	洋服だんす	
와!	わー！	
*와/과	～と	
와인	ワイン	
*왜	なぜ	
외곬	一本道	
*외국	外国	③
외국인	外国人	⑥
외롭다	さびしい【ㅂ】	⑨
외우다	覚える	⑩
외출	外出	
외출하다	外出する	②
왼쪽	左，左側	③
*요	～です	
요가	ヨガ	②
요구르트	ヨーグルト	
*요리	料理	
요리사	調理師	⑥
*요일	曜日	

요즘	最近	⑥
욕실	浴室	③
용	竜	
우동	うどん	
*우리	われわれ	
*우리 나라	わが国	
우물	井戸	
*우산	傘	
우울하다	憂鬱だ	⑨
*우유	牛乳	
우주비행사	宇宙飛行士	①
*우체국	郵便局	
*우표	切手	
*운동	運動	
운동장	運動場	⑫
운전기사	運転手	
울긋불긋	色とりどり	⑨
*울다	泣く	
웃기다	笑わせてくれる	③
*웃다	笑う	
워터	ウォーター	
*원	ウォン	
원숭이	サル	
원피스	ワンピース	⑦
*월	~月	
*월요일	月曜日	
웨하스	ウエハース	
*위	上	⑤
위	胃	⑨
유람선	遊覧船	⑨
*유월	六月	
유자차	柚子茶	
유학	留学	
유학생	留学生	②
유학하다	留学する	①
유행하다	流行る	⑦
*육	六	
6호선	6号線	⑦
*으로/로	~で	
*은/는	~は	
은행[으냉]	銀行	⑤
은행원	銀行員	
*을/를	~を	
읊다[읍따]	詠む	
음식	料理, 食べ物	①
음악	音楽	②
음악을 틀다	音楽をつける	③
*의	~の	
의미	意味	
*의사	医者	
*의자	椅子	
*이	この	
이	二	
이	歯	
*이/가	~が	
*이것	これ	

*이게(이것이)	これが	
*이날	この日	
*이다	~である	
*이달	今月, この月	
이대	梨花女子大学	⑩
*이따가	後で	⑥
*이때	この時, その時	
이런 거	こんなもの	⑧
*이름	名前	
이번	こんどの	
이번 주	今週	④
*이번달[이번딸]	今月	
*이번주[이번쭈]	今週	
이벤트	イベント	⑪
*이분	この方(かた)	
이사	引越し	
이사하다	引っ越す	①
*이야기	話	
이야기하다	話す	
*이에요	~です	
*이월	二月	
2층	2階	⑦
인기	人気	④
인사동	仁寺洞	⑤
인삼차	人参茶	
인천	仁川《地名》	
인터넷	インターネット	
인형	人形	
*일	日, 一	
일 년 동안	一年間	①
일 년 정도	一年くらい	②
일	仕事, 用事	
*일곱	七つ	
일기	日記	⑩
*일본	日本	
*일본말	日本語	
*일본사람	日本人	
*일본어	日本語	
일어나다	起きる	⑫
*일요일	日曜日	
*일월	一月	
일이 생기다	用事ができる	④
*일주일	一週間	
일찍	早く	⑨
일하다	働く, 仕事する	①
읽기[일끼]	読み	⑩
*읽다[익따]	読む	
잃다	失くす	⑥
*입	口	
*입다	着る	②
입시	入試	⑫
입에 맞다	口に合う	⑪
*있다	ある, いる	
*잊다	忘れる	
*잊어버리다	忘れてしまう	

ㅈ

*자기	自分	
*자다	寝る	
*자동차	自動車	
*자루	~本《単位》	
*자리	席	
자막	字幕	⑩
*자전거	自転車	⑤
자주	しばしば	
*작년[장년]	昨年	
*작다	小さい	
잔	~杯《単位》	
*잘	よく	
잘생겼다	ハンサムだ	
잘 지내다	元気で過ごす	③
잘나가다	人気がある	⑦
*잘되다	うまくいく	
잘못	間違い	
잘못 내리다	降り間違える	⑥
*잘하다	上手だ, うまく~する	⑥
잠	眠り, 睡眠	
잠깐만	ちょっと(待って)	
잠시만	ちょっとの間	
잠실	蚕室《地名》	⑤
*잡다	つかむ, 取る	
잡지[잡찌]	雑誌	
잡채	チャプチェ	
장	~枚《単位》	
장갑	手袋	
장갑을 끼다	手袋をはめる	⑦
장소	場所	
장충동	奬忠洞《地名》	⑤
재미없다	つまらない	
재미있게	楽しく, 面白く	⑦
재미있다	面白い	④
*저	わたくし	
*저	あの	
*저 분	あの方(かた)	
*저것	あれ	
저게(저것이)	あれは, あれが	
저고리	チョゴリ	
*저기	あそこ	
저기요	すみません(呼びかけるとき)	⑤
*저녁	夕方, 夕食	
*저희[저이]	わたしども	
*적다	少ない	
전공	専攻	④
전근	転勤	
전라도	全羅道《地名》	⑫
전망이 좋다	眺めがいい	④
전자렌지	電子レンジ	
전자사전	電子辞書	
*전철	電車, 地下鉄	⑤

전통 옷	伝統衣装	②
전혀	全く，全然	
*전화	電話	
전화번호	電話番号	
젊다[점따]	若い	
점	点，占い	⑩
점심	昼食	②
점을 보다	占いをする	⑩
접시[접씨]	皿	
젓가락[전까락]	はし	③
정	情	⑫
*정도	程度，くらい	
정리하다	整理する	②
*정말	ほんとう(に)	⑥
전망	眺め	
제	私の	
제가	私が	
*제일	もっとも，いちばん	②
제주도	済州島《地名》	②
제출	提出	
조금	ちょっと	
조깅	ジョギング	
*조선	朝鮮	
*조선사람	朝鮮人	
*조선어	朝鮮語	
조용하다	静かだ	⑩
조용히 하다	静かにする	③
족발(집)	豚足(屋)	⑥
졸다	居眠りする	③
졸리다	眠い	⑥
졸업	卒業	⑧
졸업하다	卒業する	①
*좀	ちょっと	
좁다	狭い	
종로	鍾路《地名》	⑤
*종이	紙	
*좋다[조타]	良い	
*좋아하다	好む，好きだ	①
좋은[조은]～	良い～	
*죄송하다	申し訳ない	
죄송한데요	すみませんが	⑤
*주말	週末	①
*주다	あげる，くれる	
주머니	ポケット，巾着	
주부	主婦	
주스	ジュース	
주인공	主人公	⑥
죽을 끓이다	おかゆを炊く	⑫
준비	準備	
준비하다	準備する	③
줄	ひも，ストラップ	
줍다	拾う【ㅂ】	⑥
중국	中国	
쥐	ネズミ	
즐겁다	楽しい【ㅂ】	⑫
지갑	さいふ	

*지금	今	
*지나다	過ぎる，通る	⑤
지난	この前の	
*지난달	先月	
*지난주	先週	
지도	地図	⑩
지만	～だが	
지우개	消しゴム	
지짐이	チジミ	
지폐	紙幣	⑪
지하	地下	
지하철	地下鉄	⑥
직업	職業	
직접	直接，自分で	⑧
질문하다	質問する	①
짐	荷物	⑦
짐을 맡다	荷物を預かる	⑦
*집	家	
짖다	ほえる	②
짜다	しょっぱい	④
*짧다	短い	⑦
쭉	ずっと，まっすぐ	⑤
쯤	～ぐらい	
찌개	チゲ	
*찍다	撮る，押す，付ける	⑥
찍어 먹다	付けて食べる	⑥
찜질방	チムジルバン	⑨
	(韓国式サウナ)	

ㅊ

*차	車	
*차	茶	
*차다	冷たい	
차다	(時計などを)はめる	⑦
차분하다	落ち着いている	⑫
참	とても，実に	⑫
창문	窓	
*찾다	探す，お金をおろす	
채팅	チャット	
*책	本	
책벌레	本の虫	⑫
*책상[책쌍]	机	
처음	初めて	
처음에	最初に	①
*천	千	
천만에요	どういたしまして	
*천천히	ゆっくり	
첫	初めての	
청소	掃除	
청소하다	掃除する	①
*체육	体育	
초등학교	小学校	⑫
초밥(스시)	寿司	⑪
촬영지	撮影地	⑨
추억	思い出	

추천	推薦	⑦
*축구	サッカー	⑫
축제	祭り	⑨
축하[추카]	祝賀	⑫
춘천	春川《地名》	⑫
출구	出口	⑤
출근하다	出勤する	②
출장[출짱]	出張	
춤	踊り	
춤추다	踊る	⑥
*춥다	寒い【ㅂ】	④
*취미	趣味	
취직	就職	
취직하다	就職する	①
*치마	チマ，スカート	
치우다	片づける	⑦
*친구	友だち	
친절하다	親切だ	③
친척 집	親戚の家	①
*칠	七	
*칠월	七月	
침대	ベッド	②
칫솔	歯ブラシ	

ㅋ

카드	カード	
카메라	カメラ	
카세트	カセット	
*커피	コーヒー	
*컴퓨터	コンピュータ	
컵	コップ	
컵라면[컴나면]	カップラーメン	
케이크	ケーキ	
켤레	～足《単位》	
*코	鼻	
코미디	コメディ	
콘서트	コンサート	
콧물[콘물]	鼻水	
콧물이 나다	鼻水が出る	⑨
쿠션	クッション	
크게	大きく	③
*크다	大きい【으】	②
키	背，身長	
키가 크다	背が高い	④

ㅌ

*타다	乗る	④
태어나다	生まれる	①
택배	宅配	⑦
*택시	タクシー	
테니스	テニス	
테니스장	テニスコート	
테이블	テーブル	
*텔레비전	テレビ	
토끼	ウサギ	
토마토	トマト	

*토요일	土曜日	
토하다	吐く	⑨
통	～通, ～株《単位》	
통역사	通訳士	①
퇴근	退社	
퇴근하다	退社する	②
튀김요리	揚げ物	③
특히	特に	⑥
틀다	スイッチを入れる	③
티켓	チケット	⑧
티슈	ティッシュ	

ㅍ

파	ネギ	⑨
파라다이스	パラダイス	⑨
파란	青い(→파랗다)	
파리	ハエ, パリ	
파마	パーマ	
파티	パーティ	
*팔	腕	⑨
*팔	八	
*팔다	売る	④
*팔월	八月	
팥빙수	かき氷	
팩스	ファックス	
팬	ファン	
팬 미팅	ファンの集い	④
퍼레이드	パレード	⑥
퍼즐	パズル	⑩
펴다	広げる, 伸ばす	
편리하다[펼리-]	便利だ	④
편의점	コンビニ	
*편지	手紙	
평양	ピョンヤン(平壤)	
포장하다	包装する	⑦
표	表	⑩
표현	表現	
푹	ゆっくりと	⑨
푹 쉬다	ゆっくり休む	⑨
프랑스	フランス	
프로그래머	プログラマー	
피곤하다	疲れている	
피우다	(タバコを)吸う	
피자	ピザ	
필요하다	必要だ	⑦
필통	筆箱	

ㅎ

*하고	～と	
*하나	一つ	
하나씩	ひとつずつ	⑥
*하다	する	
하루	一日	②
하루(종일)	一日(中)	
하마	カバ	
하숙집	下宿屋	①

하숙집을 구하다	下宿を探す	①
하얀	真っ白な	
	(→하얗다)	
하지만	しかし	
*학교[학꾜]	学校	
학년[항년]	学年	
학비	学費	
*학생[학쌩]	学生, 生徒	
학원	予備校, 塾	
*한	一つの	
한 달	1ヶ月	②
한가하다	ひまだ	⑫
*한국	韓国	
한국 분	韓国の方(かた)	①
한국돈	韓国のお金	⑦
*한국말[한궁말]	韓国語	
*한국사람	韓国人	
*한국어[한구거]	韓国語	
*한글	ハングル	
*한글날[한글랄]	ハングルの日	
	(10月 9 日)	
한눈에 보다	一目で見る	⑨
*한테	～(人)に	
한테서	～(人)から	
*할머니	おばあさん	
*할아버지	おじいさん	
핥다[할따]	なめる	
항상	いつも	③
*해	太陽	
해리포터	ハリーポッター	⑥
해외	海外	
핸드백	ハンドバッグ	
핸드폰	携帯電話	
핸드 프린팅	ハンドプリンティ	
	ング	⑨
햄버거	ハンバーガー	
햇볕	日差し	③
행운	幸運	
*허리	腰	⑨
헤어지다	別れる	
헤엄치다	泳ぐ	
*형	兄(弟から見て)	
형용사	形容詞	
형제	兄弟	
호랑이	トラ	
*호텔	ホテル	
혹시	もしかして	
혼자(서)	一人(で)	⑥
홈페이지	ホームページ	②
홍차	紅茶	
화가 나다	怒る, 腹が立つ	⑨
화요일	火曜日	
화장하다	化粧する	②
화장대	化粧台, 鏡台	
*화장실	トイレ, 化粧室	
화장품	化粧品	⑦

환불	払い戻し	⑦
환영회[화녕회]	歓迎会	
환전	両替	⑦
활발하다	活発だ	⑩
회	刺身	
*회사	会社	
회사원	会社員	
회식	会食	④
회의[회이]	会議	
회화	会話	
후배	後輩	
휴가	休暇	①
휴대폰	携帯電話	
흐르다	流れる【르】	
희망[히망]	希望	
흰[힌]	白い(→희다)	
힘들다	苦労する,	
	たいへんだ	③

単語集 （日－韓）

あ

日本語	韓国語	
*ああ	아	
アイスクリーム	아이스크림	
愛する	사랑하다	⑧
間	사이	⑤
*会う	만나다	
*合う	맞다 [맏따]	⑦
青い	파란 (→파랗다)	
赤い	빨간 (→빨갛다)	⑧
上る	올라가다	⑦
明るい	밝다 [박따]	
*秋	가을	
揚げ物	튀김요리	③
開ける	열다	
*あげる	주다	
*朝	아침	
浅い	얕다	
*明後日	모레	
*脚	다리	⑨
*足	발	
*味	맛	
*明日	내일	⑧
預かる	맡다	⑦
*あそこ	저기	
*遊ぶ	놀다	⑫
あたたかい	따뜻하다 [따뜨타다]	③
*頭	머리	④
*暑い	덥다 [ㅂ]	⑪
熱い	뜨겁다 [ㅂ]	⑨
暑さ	더위	⑨
暑さにやられる	더위를 먹다	⑨
集まり	모임	④
あつらえる	맞추다	⑦
後で	나중에	①
	이따가	⑥
（～した）後に	-ㄴ 다음에	⑥
あなた	당신	
兄	형(弟から見て), 오빠(妹から見て)	
*姉	누나(弟から見て), 언니(妹から見て)	
*あの	저	
*あの方 (かた)	저 분	
脂っこい	기름기가 많다	④
脂身	기름기	④
甘い	달다	④
甘酒	식혜	④
あまり～ない	별로	⑥
*余る	남다	
*雨	비	
あめ	사탕	
アメリカ	미국	

日本語	韓国語	
洗う	씻다	⑤
あらためて	새롭게	⑫
ありがたい	고맙다 [ㅂ]	
ありがたがる	고마워하다	⑧
*ある	있다	
歩く	걷다 [ㄷ]	⑤
アルバイト	아르바이트	
*あれ	저것	
あれが	저게 (저것이)	
あれは	저게 (저것이)	
暗算	암산	⑩
案内する	안내하다	③
*胃	속	⑨
胃	위	⑨
*いいえ	아뇨	
*言う	말하다	
*家	집	
*生きる	살다	①
*行く	가다	
（～しに）行く	(으)러 가다	②
*いくつ	몇	
*いくら	얼마	
イケメン	꽃미남 [꼰미남]	
*意志	뜻	⑫
*医者	의사	
石焼きビビンパ	돌솥비빔밥	
いじる	만지다	⑥
*椅子	의자	
忙しい	바쁘다 [으]	
*痛い	아프다 [으]	④
炒める	볶다	⑥
*一	일	
*一月	일월	
一日	하루	②
一日(中)	하루(중일)	
一年間	일 년 동안	①
一年くらい	일 년 정도	②
*市場	시장	
一番	제일	②
*いつ	언제	
1ヶ月	한 달	②
*一週間	일주일	
*いっしょに	같이	
*いつつ	다섯	
一本道	외곬	
*いつも	언제나	
いつも	항상	③
井戸	우물	
*いない	없다	
*イヌ	개	
居眠りする	졸다	③
イベント	이벤트	⑪
*今	지금	
*意味	의미, 뜻	⑫

日本語	韓国語	
*妹	여동생, 동생	
*いや	아니	
*嫌がる	싫어하다	⑧
*いやだ	싫다 [실타]	④
イヤリング	귀걸이	⑦
*いらっしゃる	계시다	
*いる	있다	
*入れる	넣다 [너타]	⑦
色	색	
いろいろな	여러	③
色とりどり	울긋불긋	⑨
岩	바위	
インターネット	인터넷	
*上	위	⑤
ウエハース	웨하스	
ウォーター	워터	
*ウォン	원	
*受ける	받다	
*(試験を)受ける	보다	
ウサギ	토끼	
*牛	소	
*後ろ	뒤	⑤
薄い	얇다 [얄따]	
*後ろ側	뒤쪽	
*後ろの方	뒤쪽	
嘘	거짓말 [거진말]	
歌	노래	
歌う	부르다 [르]	⑥
宇宙飛行士	우주비행사	①
*美しい	아름답다 [ㅂ]	
*腕	팔	⑨
うどん	우동	
*うまく～する	잘하다	
*うまくいかない	안되다	
*うまくいく	잘되다	
生まれる	태어나다	①
海	바다	⑥
占い	점	
占いをする	점을 보다	⑩
売り切れ	매진	⑥
*売る	팔다	④
うるさい	시끄럽다	
うれしい	반갑다 [ㅂ]	
嬉しい	기쁘다 [으]	
運転手	운전기사	
*運動	운동	
運動場	운동장	⑫
絵	그림	
エアコン	에어컨	
エアロビクス	에어로빅스	
映画	영화	
映画館	극장	
映画祭	영화제	⑨
*英語	영어	⑪

97 （구십칠）

*駅	역	
演技	연기	⑥
遠足	소풍	⑨
*鉛筆	연필	
*おいしい	맛있다	
	[마딛따/마싣따]	
おいしく	맛있게	⑦
*多い	많다[만타]	
*大きい	크다【으】	②
大きく	크게	③
*多く	많이[마니]	
オートバイ	오토바이	
オープン	오픈	
*おかあさん	어머니	
*お金	돈	
お金ができる	돈이 생기다	①
おかゆ	죽	⑫
おかゆを炊く	죽을 끓이다	⑫
起きる	일어나다	⑫
*置く	놓다	
*置く	두다	
*送る	보내다	
送る	부치다	
*遅れる，遅い	늦다[늗따]	③
怒る	화가 나다	⑨
惜しい	아쉽다【ㅂ】	
*おじいさん	할아버지	
*教える	가르치다	①
*おじさん	아저씨	
おしゃべりする	수다를 떨다	⑫
*押す	찍다	
遅い	느리다	
*遅い	늦다	③
遅く	늦게	③
遅くまで	늦게까지	⑪
お宅	댁	
落ち着いている	차분하다	⑫
*落ちる	떨어지다	
おっしゃる	말씀하다	③
夫	남편	
*音	소리	
*おとうさん	아버지	
弟	남동생	
*弟	동생	
お歳	연세	
大人	어른	③
踊り	춤	
踊る	춤추다	⑥
*驚く	놀라다	⑧
*お腹	배	
*同じだ	같다	
お名前	성함	
*おばあさん	할머니	
*おばさん	아주머니	
覚える	외우다	⑩
おまえ	너	

重い	무겁다【ㅂ】	
思い出す	생각이 나다	⑫
思い出	추억	
*思う	생각하다	
思う存分楽しむ	맘껏 즐기다	⑨
面白い	재미있다	④
面白く	재미있게	⑦
思ったより	생각보다	⑥
*思われる	생각되다	
泳ぐ	헤엄치다	
降り間違える	잘못 내리다	⑥
*降りる	내리다	
*降ろす	내리다	
*(お金を)おろす	찾다	
*終わり	끝	
終わる	끝나다[끈나다]	①
音楽	음악	②
音楽をつける	음악을 틀다	③
温泉	온천	④

か

*～が	이/가	
(人)が	께서	
カード	카드	
回	번	
海外	해외	
会議	회의 [회이]	
*外国	외국	
外国人	외국인	⑥
*会社	회사	
会社員	회사원	
外出	외출	
外出する	외출하다	②
会食	회식	④
買い物	쇼핑	
会話	회화	
*買う	사다	
*帰っていく	돌아가다	
*帰ってくる	돌아오다	
カエル	개구리	
換える	바꾸다	⑦
*顔	얼굴	⑨
顔を洗う	세수하다	②
鏡	거울	⑦
*(時間が)かかる	걸리다	
鍵	열쇠	
かき氷	팥빙수	
*書く	쓰다【으】	
描く	그리다	⑩
*学生	학생	
カクテギ	깍두기 [깍뚜기]	
学年	학년 [항년]	
学費	학비	
*学部	대학	
額縁	액자	
*かける	걸다	

*傘	우산	
菓子	과자	
火事が起きる	불이 나다	⑪
*果実	과일	
歌手	가수	
貸す	빌리다	⑦
*数	수	
風	바람	
*風邪	감기	
風邪をひく	감기에 걸리다	②
カセット	카세트	
*数える	세다	
*家族	가족	
方(かた)	분	
肩	어깨	
片づける	치우다	⑦
かっこいい	멋지다, 멋있다	③
*学校	학교 [학꾜]	
活発だ	활발하다	⑩
カップラーメン	컵라면 [컴나면]	
*家内	아내	
悲しい	슬프다【으】	④
必ず	꼭	
カバ	하마	
*カバン	가방	
～株《単位》	통	
*かぶる	쓰다【으】	
*髪	머리	④
*紙	종이	
カメラ	카메라	
科目	과목	
*通う	다니다	
火曜日	화요일	
*～から	부터	
*～(場所)から	에서	
～(人)から	한테서	
(人)から	께서	
辛い	매운 → 맵다【ㅂ】	
カラオケBOX	노래방	⑥
からだ	몸	
体が弱い	몸이 약하다	⑫
借りる	빌리다	⑦
軽い	가볍다【ㅂ】	
カルビ	갈비	
カルビタン	갈비탕	④
*川	강	
かわいい	귀엽다,	
	예쁘다【으】	⑧
川べ	강가	
変わる	바뀌다	①
変わる	변하다	⑫
(時間の)間(かん)	동안	⑨
*考え	생각	
*考えられる	생각되다	
*考える	생각하다 [생가카다]	
歓迎会	환영회 [화녕회]	

観光	관광		*嫌いだ	싫어하다	
観光地	관광지	⑨		[시러하다]	⑧
*韓国	한국		*嫌う	싫다 [실타]	④
*韓国語	한국말 [한궁말]		*切る	끊다 [끈타]	
*韓国語	한국어 [한구거]		*着る	입다	
*韓国人	한국사람		きれいだ	깨끗하다	
韓国のお金	한국돈	⑦		[깨끄타다]	
韓国の方 (かた)	한국 분	①	きれいに	예쁘게	⑦
看護師	간호사 [가노사]		～斤《単位》	근	
看護する	간호하다	⑫	禁煙	금연	
鑑賞	감상		銀行	은행 [으냉]	
感じる	느끼다	⑫	銀行員	은행원	
関心	관심		近所	근처	③
観戦	관전		巾着	주머니	
元旦	설날		勤勉だ	부지런하다	⑫
完売する	매진되다	⑧	*金曜日	금요일	
*木	나무		具合が悪い	불편하다	⑨
キーホルダー	열쇠고리		*具合が悪い	아프다【으】	④
黄色い	노란(→노랗다)		グー	바위	
着替える	갈아입다	②	*九月	구월	
聞き取り	듣기	⑩	*口	입	
聞き取る	알아듣다	⑫	口に合う	입에 맞다	⑪
聞く	듣다【ㄷ】		*靴	구두, 신발	
*聞こえる	들리다		靴を履く	구두를 신다	⑦
記者	기자	②	*靴下	양말	
*汽車	기차		クッション	쿠션	
寄宿舎	기숙사	①	*国	나라	
キス	뽀뽀		首	목	③
規則	규칙	③	*雲	구름	
汚い	더럽다【ㅂ】		暗い	어둡다【ㅂ】	
*切手	우표		*～くらい	정도	
キツネ	여우		～ぐらい	쯤	
気に入った	마음에 들다	③	クラス	반	③
機能	기능	④	*暮らす	살다	①
厳しい	엄격하다 [엄껴카다]		*クリ	밤	
*気分	기분		*来る	오다	
希望	희망 [히망]		*車	차	
きみ	너		グルメ	식도락 [식또락]	
*キムチ	김치		*くれる	주다	
気持ち	마음	⑧	黒い	검은(→검다)	
キャンディー	사탕		苦労する	힘들다	③
*九	구		計画	계획	①
*級	급		計算する	계산하다	⑦
休暇	휴가	①	慶州	경주	①
急に	갑자기	④	携帯電話	핸드폰, 휴대폰	
*牛肉	쇠고기 (소고기)		携帯メール	문자 [문짜]	⑥
*牛乳	우유		携帯メールが来る	문자가 오다	⑪
きゅうり	오이		芸能人	연예인	⑥
*今日	오늘		形容詞	형용사	
*教員	교원		ケーキ	케이크	
*教科書	교과서		ゲーム	게임	
*教師	교사		怪我する	다치다	⑨
*教室	교실		劇場	극장	⑤
兄弟	형제		消しゴム	지우개	
鏡台	화장대		下宿屋	하숙집	①
共同で	공동으로	③	下宿を探す	하숙집을 구하다	①

化粧する	화장하다	
*化粧室	화장실	
化粧台	화장대	
化粧品	화장품	⑦
消す	끄다	
*結果	결과	
*結婚(式)	결혼(식)	⑧
結婚する	결혼하다	①
欠席する	결석하다	⑪
*月曜日	월요일	
喧嘩する	싸우다	⑪
元気がない	기운이 없다	⑪
元気で過ごす	잘 지내다	③
見物	구경	⑨
見物する	구경하다	①
～個	개	
*五	오	
子犬	강아지	②
恋人	애인	⑧
幸運	행운	
公園	공원	⑤
光化門	광화문	⑤
交換	교환	⑦
高校生	고등학생	
交差点	사거리	⑤
紅茶	홍차	
交通	교통	④
*高等学校	고등학교	②
後輩	후배	
光復節 (8月15日)	광복절	
公務員	공무원	
*声	소리, 목소리	
越える	넘다	②
*コーヒー	커피	
語学研修	어학연수	③
*五月	오월	
故郷	고향	
告白する	고백하다	⑥
ここ	여기	
*午後	오후	
*九つ	아홉	
*心	마음	⑧
*腰	허리	⑨
五十	쉰	
*午前	오전	
国会議事堂	국회의사당	③
こっそり	살짝	
コップ	컵	
こと	것	
*今年	올해	⑧
*ことば	말	
言葉が通じる	말이 통하다	⑫
*こども	아이, 어린이	
こどもの頃	어렸을 때	⑫
こどもの日 (5月5日)	어린이날	
*この	이	

99 (구십구)

*この方(かた)	이분		*砂糖	설탕		*閉める	닫다[닫따]	
この間(かん)	그동안		さびしい	외롭다	⑨	じゃあ	그럼	
*この時	이때		*寒い	춥다【ㅂ】	④	シャーペン	샤프펜	
*この日	이날		サムギョプサル	삼겹살		謝恩品	사은품	⑦
この前の	지난		サムゲタン(参鶏湯)	삼계탕		ジャガイモ	감자	
*好む	좋아하다	①	*さよなら	안녕		ジャガイモ鍋	감자탕	
*ご飯	밥		皿	접시[접씨]		*写真	사진	
こまる	곤란하다	⑦	サラダ	샐러드		写真立て	액자	⑧
ゴミ箱	쓰레기통		サル	원숭이		写真を撮る	사진을 찍다	④
混む	막히다[마키다]		触る	만지다	⑥	シャワー	샤워	
コメディ	코미디		*三	삼		シャンプー	샴푸	
ご両親	부모님	①	～さん	씨		*十	십	
ゴルフをする	골프를 치다	①	三一節(3月1日)	삼일절		十一	열하나[여라나]	
*これ	이것		3ヶ月	3개월	②	*十一月	십일월	
これが	이게(이것이)		*三月	삼월		*十月	시월	
怖い	무섭다【ㅂ】	⑥	サングラス	선글라스	③	昼食	점심	
*今月	이달,		三十	서른		就職	취직	
	이번달[이번딸]		散歩	산책		就職する	취직하다	①
コンサート	콘서트		～氏	씨		ジュース	주스	
*今週	이번주[이번쭈],		～時	시		十二	열두	
	금주	④	シーソー	시소		*十二月	십이월	
こんど	이번		*CD	시디		*週末	주말	
こんなもの	이런 거	⑧	CDプレイヤー	시디플레이어		*授業	수업	
*こんにちは	안녕		*塩	소금		授業時間	수업 시간	③
コンビニ	편의점		*しかし	그러나, 하지만		塾	학원	
*コンピュータ	컴퓨터		*四月	사월		祝賀	축하[추카]	
			*時間	시간		*宿題	숙제[숙쩨]	

さ

サークル	동아리	③	*試験	시험		宿泊する	숙박하다	①
～歳《単位》	살		試験がうまくできない			主人公	주인공	⑥
最近	요즘	⑥		시험을 못 보다	①	出勤する	출근하다	②
最後	마지막		試験でよい点数が取れる			出張	출장[출짱]	
最後に	마지막으로	②		시험을 잘 보다	①	主婦	주부	
最初に	처음에	①	*試験を受ける	시험(을) 보다	①	*趣味	취미	
さいふ	지갑		仕事	일		準備	준비	
*探す	찾다		仕事する	일하다	①	準備する	준비하다	③
*魚	고기,		司書	사서		情	정	⑫
	물고기(生物),		静かだ	조용하다	⑩	消化	소화	⑨
	생선(食物)		静かにする	조용히 하다	③	消化が悪い	소화가 안 되다	⑨
*先に	먼저	③	*下	아래, 밑	⑤	紹介	소개	⑦
*昨日	어제		市役所(市庁)	시청		小学校	초등학교	⑫
*昨年	작년[장년]		*七	칠		錠剤	알약[알략]	⑨
作文	쓰기		*七月	칠월		上司	상사	⑧
桜	벗꽃	③	実に	참	⑫	*上手だ	잘하다	⑥
サクランボ	버찌		質問	질문	①	使用する	사용하다	③
*酒	술		辞典	사전		小説	소설	⑪
酒に酔う	술에 취하다	⑨	*自転車	자전거		使用説明書	사용설명서	⑩
さしあげる	드리다		*自動車	자동차		冗談	농담	
刺身	회		市内	시내	⑨	焼酎	소주	
*させる	시키다		品物	물건		*商店	상점	
～冊《単位》	권		しばしば	자주		ジョギング	조깅	
撮影地	촬영지	⑨	しばらくぶりに	오랜만에	⑫	職業	직업	
*サッカー	축구		*自分	자기		*食事	식사	
雑誌	잡지[잡찌]		紙幣	지폐	⑪	食卓	식탁	
さっぱりしている	시원하다		島	섬	②	*食堂	식당	
さっぱりしている	담백하다	④	字幕	자막	⑩	食欲	식욕	⑪
			締切り	마감		*女性	여자	

しょっぱい	짜다	
書店	서점	
*知らない	모르다【르】	
調べる	알아보다	①
*知る	알다	
白い	흰[힌] (→희다)	
新幹線	신칸센	⑤
*信じる	믿다	
親戚の家	친척 집	①
親切だ	친절하다	③
身長	키	
*新聞	신문	
シンボル	심볼	
水泳	수영	
スイカ	수박	
推薦	추천	⑦
睡眠	잠	
*水曜日	수요일	
吸う(タバコを)	피우다	
*数字	숫자[숟짜]	
スーパー	슈퍼마켓	
スープ	국, 국물[궁물]	
*スカート	치마	
姿	모양	
スキー	스키	
*好きだ	좋아하다	①
スキューバダイビング		
	스쿠버다이빙	①
*過ぎる	지나다	
*すく(お腹が)	고프다【으】	
すぐ	바로	⑤
*少ない	적다	
*すぐに	곧	
寿司	초밥(스시)	⑪
涼しい	시원하다	
スタンド	스탠드	
ずっと	쭉	⑤
すてきだ	멋있다[머싣따],	
	멋지다	③
*捨てる	버리다	
ストラップ	줄	
ストレス	스트레스	⑨
スノーボード	스노우보드	
スパゲッティ	스파게티	
スプーン	숟가락[숟까락]	
*すべて	다	
*スポーツ(マニア)	스포츠(광)	⑫
*ズボン	바지	
スマートホン	스마트폰	
*すまない	미안하다	
すみません(呼びかけ)	저기요	⑤
*住む	살다	①
すらりとしている	날씬하다	④
*する	하다	
*座る	앉다[안따]	
スンデ炒め	순대볶음	⑥

背	키	
世界一周	세계 일주	①
性格	성격	④
性格がよい	성격이 좋다	④
生活	생활	①
誠実だ	성실하다	④
*生徒	학생	
整理する	정리하다[정니-]	②
セーター	스웨터	
セール	세일	
背が高い	키가 크다	④
*席	자리	
咳	기침	⑨
咳がひどい	기침이 심하다	⑨
*せっかちだ	급하다	⑩
石けん	비누	
狭い	좁다	
*ゼロ	공, 영	
世話になる	신세를 지다	
*千	천	
～膳《単位》	매	
洗顔	세수	
*先月	지난달	
専攻	전공	
選手	선수	
*先週	지난주	
*先生	선생님	
先生になる	선생님이 되다	①
全然	전혀	
洗濯	빨래, 세탁	
先輩	선배	
*全部	다	
*全部で	모두	⑨
そういえば	그러고 보니까	⑫
掃除	청소	
掃除する	청소하다	①
ソウルタワー	서울타워	⑤
ソース	소스	⑥
～足《単位》	켤레	
*そこ	거기	
*そして	그리고	
卒業	졸업	⑧
卒業する	졸업하다	①
*外	밖	
*その	그	
その方(かた)	그분	
*その時	그때	
*その日	그날	
そのまま	그냥	
ソファ	소파	
ソルロンタン	설렁탕	④
*それ	그것	
それが	그게(그것이)	
そんなことありません		
	아니에요	⑧

た

～台《単位》	대	
*体育	체육	
*大学	대학교[대학꾜],	
	대학	
大学院	대학원	①
*大学生	대학생[대학쌩]	
ダイコン	무	
大したことない	별로(이)다	⑥
大したことではないですよ		
	별거 아니에요	⑧
退社	퇴근	
退社する	퇴근하다	②
*だいじょうぶだ	괜찮다[괜찬타]	
大切に	소중히	⑧
大切にする	소중히 간직하다	
	[간지카다]	⑧
台所	부엌	
*たいへん	대단히	
たい焼き	붕어빵	
*太陽	해	
対話する	대화하다	⑩
～だが	지만	
*高い	높다[놉따],	
	비싸다(値段が)	②
*タクシー	택시	
宅配	택배	⑦
*～だけ	만	
*出す	내다	
尋ねる	묻다【ㄷ】	
～たち《複数》	들	
発つ	떠나다	⑨
*立つ	서다	
竜	용	
*立てる	세우다	
楽しい	즐겁다【ㅂ】	⑫
楽しく	재미있게	⑦
タバコ	담배	
タバコを吸う	담배를 피우다	③
食べ物	음식	⑥
食べる	먹다	
*誰	누구	
*誰が	누가	
*単語	단어	⑩
ダンサー	댄서	
誕生日	생일	②
*男性	남자	
男優	남자 배우	⑥
*小さい	작다	
地下	지하	
*近い	가깝다【ㅂ】	⑤
違う	다르다【르】	
*地下鉄	전철, 지하철	⑥
チゲ	찌개	
チケット	티켓	⑧

101 (백일)

チジミ	지짐이		*手紙	편지	
地図	지도 ⑩		*~できない	못 ~	
*チマ	치마		*できない	못하다[모타다]	
チムジルバン	찜질방 ⑨		*できる	되다	
*茶	차		(なかったものが)できる	생기다 ⑪	
チャット	채팅		出口	출구 ⑤	
チャプチェ	잡채		デザイナー	디자이너	
中国	중국		*~です	요	
*注文する	시키다		~です	이에요/예요[에요]	
長女	맏이[마지]		手帳	수첩	
*朝鮮	조선		手伝う	돕다 ⑦	
*朝鮮語	조선어		出て行く	나가다 ⑤	
*朝鮮人	조선사람		*出てくる	나오다 ⑥	
長男	맏이[마지]		テニス	테니스	
調理師	요리사 ⑥		テニスコート	테니스장	
チョキ	가위		デパート	백화점 [배콰점]	
直接	직접 ⑧		手袋	장갑	
ちょこっと	살짝		手袋をはめる	장갑을 끼다 ⑦	
チョゴリ	저고리		出迎え(する)	마중(하다)	
*ちょっと	좀, 조금		~でも	(이)라도	
ちょっと(待って)	잠깐만		*出る	나다	
ちょっとの間	잠시만		*テレビ	텔레비전	
ついて(あとに)	따라		では	그럼	
~通《単位》	통		点	점	
通訳士	통역사 ①		*天気	날씨 ③	
*使う	쓰다【으】 ⑧		転勤	전근	
	사용하다 ③		電子辞書	전자사전	
*つかむ	잡다		*電車	전철	
疲れている	피곤하다		電子レンジ	전자렌지	
*月	달, 월		伝統衣装	전통 옷 ②	
つきあう	사귀다 ④		*電話	전화	
*次の	다음		電話番号	전화번호	
*付く	붙다		~と	(이)라고	
*机	책상		*~と	와/과, 하고	
*作る	만들다 ①		~度	번	
付けて食べる	찍어 먹다 ⑥		ドイツ	독일 ②	
付ける	찍다 ⑥		*トイレ	화장실	
つける	틀다 ③		どういたしまして	천만에요	
包む	싸다 ⑦		*とうがらし	고추	
*妻	아내		動詞	동사	
つまらない	재미없다		東大門	동대문 ⑤	
つまる	막히다		到着する	도착하다[도차카다]	
*冷たい	차다		どうである	어떻다[어떠타]【ㅎ】	
強い	강하다 ③		*どうですか?	어때요?(→어떻다)	
つり	낚시[낙씨]		どうなる(のようになる)		
釣りをする	낚시하다 ⑥			어떻게 되다 ①	
つれてくる	데리고 오다 ③		豆腐チゲ	두부찌개	
*手	손		動物	동물 ②	
*~で	(에)서〈場所〉,		どうやって	어떻게[어떠케]⑩	
	으로/로〈手段〉		同僚	동료[동뇨] ④	
*~である	이다		*十(とお)	열	
提出	제출		通り	거리	
ティッシュ	티슈		*通る	지나다	
*程度	정도		(~の)とき	때 ⑫	
デート	데이트		ときどき	가끔	
テーブル	테이블		ドキドキ	두근두근 ⑫	

特に	특히 ⑥
*時計	시계
時計をする	시계를 차다 ⑦
*どこ	어디
ところで	그런데
登山	등산 ④
登山する	등산하다 ⑨
*歳	나이
都市	도시 ⑫
*図書館	도서관
*(目を)閉じる	감다
*どちら	어느 쪽
トッポッキ	떡볶이
*とても	너무, 아주, 참,
	대단히[대다니]
*届ける	보내다
どなた	어느 분
*どの	어느
どのくらい	얼마나
どのくらい(の間)	얼마 동안 ①
どのくらい(時間が)かかりますか?	
	얼마나 걸려요? ⑤
*どのように	어떻게
とぶ	뛰다
トマト	토마토
*(車を)止める	세우다
*友だち	친구
*土曜日	토요일
トラ	호랑이
ドライブ	드라이브
ドラマ	드라마
*鳥	새
取りかえる	바꾸다 ⑦
鶏カルビ	닭갈비[닥깔비]
*取る	잡다
*撮る	찍다
*どれ	어느 것
どんぐり	도토리
豚足(屋)	족발(집) ⑥
とんでもありません	
	별 말씀을요 ⑧
*どんな	어떤

な

*~ない	안 ~
*~ない	아니
*~(では)ない	(~이/가) 아니다
*無い	없다
内容	내용 ⑥
*中	속, 안 ⑤⑨
*長い	길다
眺め	전망 ④
流れる	흐르다【르】
*泣く	울다
失くす	잃다 ⑥
*なぜ	왜

*夏	여름	②
夏休み	여름휴가	④
*七つ	일곱	
*何	무엇(뭐)	
何か(できもの等)ができる	뭐가 나다	⑨
*名前	이름	
なめる	핥다	
*習う	배우다	①
*なる	되다	
南海	남해	⑨
何月何日	몇월며칠[며뒬며칠]	
何時	몇 시[멷씨]	
南大門	남대문	⑪
何日(か)	며칠	⑨
*何の	무슨	
*〜(人)に	에게, 에, 께, 한테	
*二	이	
似合う	어울리다	⑧
2階	2층	⑦
苦い	쓰다	④
2ヶ月	두 달	②
*二月	이월	
*肉	고기	
*二十	스무	
*二十の	스물	
*〜日	일	
*日曜日	일요일	
日記	일기	⑩
*日本	일본	
*日本語	일본말, 일본어	
*日本人	일본사람	
荷物	짐	⑦
荷物を預かる	짐을 맡다	⑦
入試	입시	⑫
*ニュース	뉴스	
入浴	목욕	
庭	마당	④
*ニワトリ	닭	
人気	인기	④
人気がある	잘나가다	⑦
人形	인형	
人参茶	인삼차	
*脱ぐ	벗다	
ネギ	파	⑨
ネコ	고양이	
ネズミ	쥐	
*値段	값	
熱	열	⑨
熱が出る	열이 나다	⑨
熱心に	열심히	⑫
値引する	깎다[깍따]	⑦
眠い	졸리다	⑥
眠り	잠	
*寝る	자다	
ねん挫する	삐다	⑨

*年齢	나이	
*〜の	의	
*ノート	노트	
残す	남기다	③
*残る	남다[남따]	③
載せる	싣다【ㄷ】	
のど	목	③
のどを多く使う	목을 많이 쓰다	⑧
伸ばす	펴다	
*飲む	마시다	⑦
海苔	김	⑦
乗り換える	갈아타다	⑤
のり巻き	김밥	
乗りもの(遊園地の)	놀이 기구	⑥
*乗る	타다	④
のんびりしている	느긋하다	⑩

は

歯	이	
パー	보	
パーティ	파티	
バーベキュー	바베큐	⑥
パーマ	파마	
*はい	네, 예	
〜杯《単位》	잔	
*倍	배	
*入っていく	들어가다	
*入ってくる	들어오다	
俳優	배우	
*入る	들다	
ハエ	파리	
墓参り	성묘	
*履き物	신발	
*履く	신다[신따]	
吐く	토하다	⑨
白菜	배추	
博物館	박물관	⑩
はさみ	가위	
*端	끝	
橋	다리	
はし	젓가락[전까락]	
*始まる	시작되다	
*始め	시작	
初めて	처음	
初めての	첫	
*始める	시작하다	
場所	장소	
恥じらい	수줍음	⑫
走る	뛰다, 달리다	
*バス	버스	
*バスケットボール	농구	
パスポート	여권[여꿘]	③
パズル	퍼즐	⑩
*二十歳(はたち)	스물	
働く	일하다	①
*八	팔	

*八月	팔월	
発音	발음	
*花	꽃	⑧
*鼻	코	
*話	이야기	
*話す	말하다, 이야기하다	
話すこと	말하기	⑩
花火	불꽃놀이	③
花見	벚꽃 구경	⑥
鼻水	콧물	⑦
鼻水が出る	콧물이 나다	⑨
*離れる	떠나다, 떨어지다	
はにかみ	수줍음	⑫
パパ	아빠	
歯ブラシ	칫솔	
(時計など)はめる	차다	⑦
(手袋, 指輪など)はめる	끼다	⑦
速い	빠르다【르】	
*早く	빨리, 일찍	①⑨
流行る	유행하다	⑦
払い戻し	환불	⑦
腹が立つ	화가 나다	⑨
パラダイス	파라다이스	⑨
ハリーポッター	해리포터	⑥
*春	봄	
パレード	퍼레이드	⑥
*半	반	
班	반	③
番	번	
*パン	빵	
ハンカチ	손수건	
*ハングル	한글	
*ハングルの日(10月 9日)	한글날[한글랄]	
番号	번호	
バンド活動	밴드활동	
ハンドバッグ	핸드백	
ハンドプリンティング	핸드 프린팅	⑨
ハンサムだ	잘생겼다	
ハンバーガー	햄버거	
*半分	반	
(〜の)日	날	
*火	불	
ビール	맥주[맥쭈]	
〜匹《単位》	마리	
引き出し	서랍	⑤
*低い	낮다[낟따]	
ひげをそる	면도하다	②
*飛行機	비행기	
ピザ	피자	
日差し	햇볕	③
美術館	미술관	④
美人	미인	
左	왼쪽	⑤
左側	왼쪽	③

日本語	한국어	
引越し	이사	
引っ越す	이사하다	①
羊	양	
必要だ	필요하다	⑦
*ビデオ	비디오	
*ひと	사람	
ひどい	심하다	⑨
*一つ	하나	
ひとつずつ	하나씩	⑥
*一つの	한	
ヒトデ	불가사리	⑥
一目で見る	한눈에 보다	⑨
一人で	혼자서	⑥
火の用心	불조심	
*ビビンパ	비빔밥[비빔빱]	
ひまだ	한가하다	⑦
秘密	비밀	
ひも	줄	
*百	백	
百貨店	백화점	
美容院	미장원	
*病院	병원	①
*病気	병	
表現	표현	
美容師	미용사	
*(目を)開く	뜨다	
ひりひりする	따갑다	⑨
*昼	낮	
ビル	빌딩	④
昼寝	낮잠[낟짬]	
広い	넓다[널따]	④
拾う	줍다【ㅂ】	⑥
広げる	펴다	
*瓶	병	
ファックス	팩스	
ファン	팬	
ファンの集い	팬 미팅	④
*夫婦	부부	
ふく	닦다	⑦
*服	옷	
副詞	부사	
袋	봉지	
不精だ	게으르다	⑩
*ブタ	돼지	
*二つ	둘	
*二つの	두	
普通	보통	
筆箱	필통	
*船	배	
不便だ	불편하다	⑨
父母の日	어버이날	
不眠症	불면증	⑨
踏む	밟다[밥따]	
*冬	겨울	⑧
冬のソナタ	겨울연가	⑨
フランス	프랑스	
仏国寺	불국사	⑥
*プルコギ	불고기	
プルダク	불닭	④
*プレゼント	선물	
プレゼントする	선물하다	⑧
風呂	목욕	
プログラマー	프로그래머	
ふろしき	보, 보자기	①
分《時間》	분	
雰囲気	분위기	⑧
雰囲気に合う	분위기에 맞다	⑧
文化	문화	⑫
文具	문구	⑧
文法	문법	③
別に	별로	
別だ	다르다【르】	
ベッド	침대	②
別々に	따로따로	⑦
ヘビ	뱀	⑥
*部屋	방	
*勉強	공부	
ベンチ	벤치	⑫
弁当	도시락	
弁当を作る	도시락을 싸다	⑤
便利だ	편리하다[펼리-]	④
方言	사투리	⑫
帽子	모자	③
包装する	포장하다	⑦
ほえる	짖다	②
ボート	보트	⑥
ホームページ	홈페이지	②
*ボールペン	볼펜	
ポケット	주머니	
母国語	모국어	③
ほしい(持ちたい)	갖고 싶다	⑧
ポジャギ	보자기	①
*ホテル	호텔	
*ほとんど	거의[거이]	
ホヤ	멍게	⑨
ホラー映画	공포 영화	④
*本	책	
*~本《単位》	자루	
*ほんとう(に)	정말	⑥
本の虫	책벌레	⑫

ま

日本語	한국어	
~枚《単位》	장	
*毎日	매일	
*前	앞	⑤
前売り券を買う	예매하다	⑥
曲がる	돌다	⑤
巻く	감다	⑨
*まずい	맛없다[마덥따]	
*また	다시, 또	
街	거리	
間違い	잘못	
*待つ	기다리다	
マッコリ	막걸리[막껄리]	
真っ白な	하얀(→하얗다)	
まっすぐ	쭉	⑤
全く	전혀	
祭り	축제	⑨
*~まで	까지	
窓	창문	
*学ぶ	배우다	①
マフラー	목도리	⑧
ママ	엄마	
回る	돌다	⑤
*万	만	
マンガ	만화	
万年筆	만년필	⑧
*見える	보이다	
見送る	배웅하다	
磨く	닦다[닥따]	⑦
みかん	귤	
右	오른쪽	⑤
*短い	짧다	
*水	물	
*店	가게	
見せる	보이다	⑦
*道	길	
道に迷う	길을 헤매다, 길을 잃다	⑥
*三つ	셋	
*三つの	세	
緑が多い	나무가 많다	④
皆さん	여러분	⑨
見に行く	보러 가다	③
*耳	귀	
ミュージカル	뮤지컬	⑩
明洞	명동	⑤
*見る	보다	
みんな	모두	⑨
ムーンウォークダンス	문워크 댄스	⑧
迎えに行く	마중나가다	⑪
昔	옛날[옌날]	①
向こう側	건너편	⑤
虫	벌레	⑨
むし暑い	무덥다【ㅂ】	
虫に刺される	벌레에 물리다	⑨
*難しい	어렵다【ㅂ】	
息子	아들	
*娘	딸	
*六つ	여섯	
*胸	가슴	
無理する	무리하다	③
無料	무료	⑦
*目	눈	
~名《単位》	명	
名詞	명사	
名刺	명함	

迷路	미로	⑥
目上の方 (かた)	어른	③
メール	메일	
*眼鏡	안경	⑦
眼鏡を作る	안경을 맞추다	⑦
*召し上がる	들다	
メモする	메모하다	④
免税店	면세점	⑤
*～も	도	
*申し訳ない	죄송하다	
モーニングコール	모닝콜	⑦
*木曜日	목요일	
文字	글	
もしかして	혹시	
*もしもし	여보세요	
餅	떡	
持ち上げる	들다	⑨
*持つ	가지다	
*持つ	들다	
もって歩く	가지고 다니다	②
*もっと	더	
*もっとも	제일, 가장	
もの	것, 물건	
もみじ	단풍	④
疲れが出た症状	몸살	⑨
*もらう	받다	
*門	문	
*問題	문제	
問題を解く	문제를 풀다	⑩

や

*焼肉	불고기	
焼く	굽다【ㅂ】	③
*約束	약속	⑨
野菜	야채	⑥
優しい	상냥하다	
*易しい	쉽다【ㅂ】	
*安い	싸다	
安く	싸게	⑦
(学校の)休み	방학	
休む	쉬다	①
*八つ	여덟[여덜]	
薬局	약국	⑤
*山	산	
山に上る	등산하다	⑨
*やめる	끊다	
止める	말다	
憂鬱だ	우울하다	⑨
遊園地	놀이 공원	⑥
*夕方	저녁	
*夕食	저녁	
*郵便局	우체국	⑤
遊覧船	유람선	⑨
*雪	눈	
柚子茶	유자차	
*ゆっくり	천천히	

ゆっくりと	푹	⑨
ゆっくり休む	푹 쉬다	⑨
夢が大きい	꿈이 크다	④
*良い	좋다[조타]	
良い～	좋은[조은] ～	
用事	일	
用事ができる	일이 생기다	④
ようす	모양	
*(～の)ように	같이	
*曜日	요일	
洋服だんす	옷장	
ヨーグルト	요구르트	
ヨガ	요가	②
*よく	잘	
浴室	욕실	③
*横	옆	⑤
予習する	예습하다	⑤
四つ角	사거리	⑤
*四つ	넷	
*四つの	네	
予備校	학원	
呼ぶ	부르다【르】	⑥
読み	읽기[일끼]	⑩
詠む	읊다[읍따]	
*読む	읽다[익따]	
余裕	여유	
*～より	보다	
*夜	밤	
*四	사	
四十	마흔	

ら

ラーメン	라면	
*来月	다음달[다음딸]	
*来週	다음주[다음쭈]	④
ライター	라이터	
*来年	내년	
*ラジオ	라디오	
留学	유학	
留学する	유학하다	①
留学生	유학생	②
量	양	
両替	환전	⑦
*両方	양쪽	
*料理	요리, 음식	⑥
*旅行	여행	
旅行する	여행하다	①
*リンゴ	사과	
零 (れい)	영	
冷蔵庫	냉장고	
*冷麺	냉면	
レジ袋	쇼핑백	⑦
レポート	리포트	
練習する	연습하다	③
連絡	연락[열락]	
*六	육	

*六月	유월	
ロッテワールド	롯데월드	⑤

わ

*～は	은/는	
～羽《単位》	마리	
わー!	와!	
ワイン	와인	
若い	젊다[점따]	
*わが国	우리 나라	
分かち書き	띄어쓰기[띠어쓰기]	
わかめスープ	미역국[미역꾹]	
*わかる	알다	
別れる	헤어지다	
分け前	몫	
*忘れてしまう	잊어버리다	
*忘れる	잊다	
*わたし	저, 나, 내	
わたしが	제가	
*わたしども	저희[저이]	
*わたしの	내, 제	
渡る	건너다	⑤
*笑う	웃다	
笑わせてくれる	웃기다	③
*悪い	나쁘다【으】	⑨
*われわれ	우리	
ワンピース	원피스	⑦
ワンワン(犬のなき声)	멍멍	②
*～を	를/을	

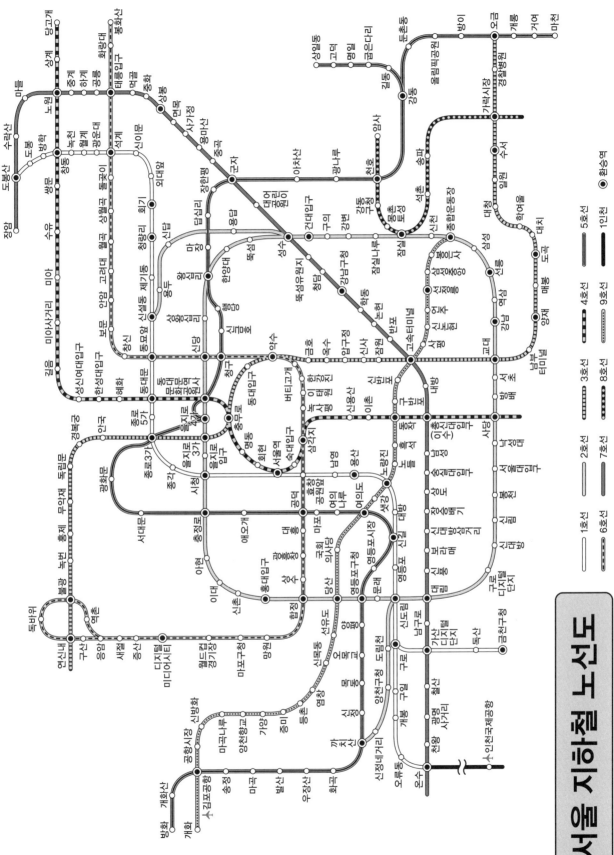

서울 지하철 노선도

カナダラ表

母音／子音	① ㅏ a	② ㅑ ja	③ ㅓ ɔ	④ ㅕ jɔ	⑤ ㅗ o	⑥ ㅛ jo	⑦ ㅜ u	⑧ ㅠ ju	⑨ ㅡ ɯ	⑩ ㅣ i	⑪ ㅐ ɛ	⑫ ㅔ e
① ㄱ k/g	가 [ka] カ	갸 [kja] キャ	거 [kɔ] コ	겨 [kjɔ] キョ	고 [ko] コ	교 [kjo] キョ	구 [ku] ク	규 [kju] キュ	그 [kɯ] ク	기 [ki] キ	개 [kɛ] ケ	게 [ke] ケ
② ㄴ n	나 [na] ナ	냐 [nja] ニャ	너 [nɔ] ノ	녀 [njɔ] ニョ	노 [no] ノ	뇨 [njo] ニョ	누 [nu] ヌ	뉴 [nju] ニュ	느 [nɯ] ヌ	니 [ni] ニ	내 [nɛ] ネ	네 [ne] ネ
③ ㄷ t/d	다 [ta] タ	댜 [tja] ティャ	더 [tɔ] ト	뎌 [tjɔ] ティョ	도 [to] ト	됴 [tjo] ティョ	두 [tu] トゥ	듀 [tju] ティュ	드 [tɯ] トゥ	디 [ti] ティ	대 [tɛ] テ	데 [te] テ
④ ㄹ r/l	라 [ra] ラ	랴 [rja] リャ	러 [rɔ] ロ	려 [rjɔ] リョ	로 [ro] ロ	료 [rjo] リョ	루 [ru] ル	류 [rju] リュ	르 [rɯ] ル	리 [ri] リ	래 [rɛ] レ	레 [re] レ
⑤ ㅁ m	마 [ma] マ	먀 [mja] ミャ	머 [mɔ] モ	며 [mjɔ] ミョ	모 [mo] モ	묘 [mjo] ミョ	무 [mu] ム	뮤 [mju] ミュ	므 [mɯ] ム	미 [mi] ミ	매 [mɛ] メ	메 [me] メ
⑥ ㅂ p/b	바 [pa] パ	뱌 [pja] ピャ	버 [pɔ] ポ	벼 [pjɔ] ピョ	보 [po] ポ	뵤 [pjo] ピョ	부 [pu] プ	뷰 [pju] ピュ	브 [pɯ] プ	비 [pi] ピ	배 [pɛ] ペ	베 [pe] ペ
⑦ ㅅ s/ʃ	사 [sa] サ	샤 [ʃa] シャ	서 [sɔ] ソ	셔 [ʃɔ] ショ	소 [so] ソ	쇼 [ʃo] ショ	수 [su] ス	슈 [ʃu] シュ	스 [sɯ] ス	시 [ʃi] シ	새 [sɛ] セ	세 [se] セ
⑧ ㅇ 無音/ŋ	아 [a] ア	야 [ja] ヤ	어 [ɔ] オ	여 [jɔ] ヨ	오 [o] オ	요 [jo] ヨ	우 [u] ウ	유 [ju] ユ	으 [ɯ] ウ	이 [i] イ	애 [ɛ] エ	에 [e] エ
⑨ ㅈ tʃ/dʒ	자 [tʃa] チャ	쟈 [tʃa] チャ	저 [tʃɔ] チョ	져 [tʃɔ] チョ	조 [tʃo] チョ	죠 [tʃo] チョ	주 [tʃu] チュ	쥬 [tʃu] チュ	즈 [tʃɯ] チ	지 [tʃi] チ	재 [tʃɛ] チェ	제 [tʃe] チェ
⑩ ㅊ tʃʰ	차 [tʃʰa] チャ	챠 [tʃʰa] チャ	처 [tʃʰɔ] チョ	쳐 [tʃʰɔ] チョ	초 [tʃʰo] チョ	쵸 [tʃʰo] チョ	추 [tʃʰu] チュ	츄 [tʃʰu] チュ	츠 [tʃʰɯ] チ	치 [tʃʰi] チ	채 [tʃʰɛ] チェ	체 [tʃʰe] チェ
⑪ ㅋ kʰ	카 [kʰa] カ	캬 [kʰja] キャ	커 [kʰɔ] コ	켜 [kʰjɔ] キョ	코 [kʰo] コ	쿄 [kʰjo] キョ	쿠 [kʰu] ク	큐 [kʰju] キュ	크 [kʰɯ] ク	키 [kʰi] キ	캐 [kʰɛ] ケ	케 [kʰe] ケ
⑫ ㅌ tʰ	타 [tʰa] タ	탸 [tʰja] ティャ	터 [tʰɔ] ト	텨 [tʰjɔ] ティョ	토 [tʰo] ト	툐 [tʰjo] ティョ	투 [tʰu] トゥ	튜 [tʰju] ティュ	트 [tʰɯ] トゥ	티 [tʰi] ティ	태 [tʰɛ] テ	테 [tʰe] テ
⑬ ㅍ pʰ	파 [pʰa] パ	퍄 [pʰja] ピャ	퍼 [pʰɔ] ポ	펴 [pʰjɔ] ピョ	포 [pʰo] ポ	표 [pʰjo] ピョ	푸 [pʰu] プ	퓨 [pʰju] ピュ	프 [pʰɯ] プ	피 [pʰi] ピ	패 [pʰɛ] ペ	페 [pʰe] ペ
⑭ ㅎ h	하 [ha] ハ	햐 [hja] ヒャ	허 [hɔ] ホ	혀 [hjɔ] ヒョ	호 [ho] ホ	효 [hjo] ヒョ	후 [hu] フ	휴 [hju] ヒュ	흐 [hɯ] フ	히 [hi] ヒ	해 [hɛ] ヘ	혜 [he] ヘ

全ての組み合わせを網羅しているわけではありません.

吹込者	金 恩 愛（キム・ウネ）
	李 泓 馥（イ・ホンボク）
	元 順 暎（ウォン・スニョン）
	朴 天 弘（パク・チョノン）

著者紹介

金順玉（キム・スノク）
　コリ文語学堂代表（https://ac.koribun.com/）
　武蔵大学，フェリス女学院大学，清泉女子大学講師
阪堂千津子（はんどう・ちづこ）
　コリ文語学堂，武蔵大学，東京外国語大学，国際基督教大学，
　桜美林大学オープンカレッジ，ひろば語学院講師
崔栄美（チェ・ヨンミ）
　コリ文語学堂，韓国文化院世宗学堂講師，
　元西江大学韓国語教育院講師

ちょこっとチャレンジ！韓国語　改訂第2版

2025 年 2 月 1 日　印刷
2025 年 2 月 10 日　発行

著　者 ©	金　　順　　玉
	阪　堂　千　津　子
	崔　　栄　　美
発行者	岩　堀　雅　己
組　版	Ｐ　ワ　ー　ド
印刷所	株式会社三秀舎

発行所
101-0052 東京都千代田区神田小川町 3 の 24
電話 03-3291-7811（営業部），7821（編集部）
www.hakusuisha.co.jp
乱丁・落丁本は送料小社負担にてお取り替えいたします.

株式会社白水社

振替 00190-5-33228　　　　　　　　　　株式会社ディスカバリー

ISBN978-4-560-06994-3
Printed in Japan

▷本書のスキャン，デジタル化等の無断複製は著作権法上での例外を除き
禁じられています。本書を代行業者等の第三者に依頼してスキャンやデジ
タル化することはたとえ個人や家庭内での利用であっても著作権法上認め
られていません。

パスポート朝鮮語小辞典 ◎朝和＋和朝◎

塚本 勲 監修／熊谷明泰 責任編集／白岩美穂，黃鎭杰，金年泉 編

◇朝和＋和朝でハンディサイズ！　◇韓国の標準語に準拠　◇大きな文字で見やすい版面　◇朝和は23000語，全見出し語にカタカナ発音　◇和朝は6000語，生きた例文が豊富　◇ジャンル別単語・会話集付
（2色刷）Ｂ小型　640頁　定価2860円（本体2600円）

みんなの韓国語　初級
キム・スノク，スン・ヒョンジュ 著
長年の韓国語教育の経験が随所に生きる初級学習書．
Ｂ5判 144頁　定価2310円（本体2100円）

韓国語プラクティス100
増田忠幸 著
100の練習で，気持ちをつたえることが自然にできるようになるためのメソッド．
Ａ5判 150頁　定価2420円（本体2200円）【ＣＤ2枚付】

改訂版　韓国語文法ドリル
◎初級から中級への1000題
須賀井義教 著
ハン検5〜3級の文法事項のおさらい，弱点強化に．文法問題を強化した改訂版．
B5判 175頁　定価2200円（本体2000円）

絵で学ぶ韓国語文法 [新版]
◎初級のおさらい，中級へのステップアップ
金京子，河村光雅 著
絵を使った解説でわかりやすい！　音声無料ダウンロード有り．（2色刷）
Ａ5判 282頁　定価2530円（本体2300円）

絵で学ぶ中級韓国語文法 [新版]
金京子，河村光雅 著
絵を用いた簡潔な解説と豊富な練習問題で着実に中級の実力を養成．音声無料ダウンロード有り．（2色刷）
Ａ5判 308頁　定価2860円（本体2600円）

絵で学ぶ上級への韓国語文法
金京子，河村光雅 著
上級への足場を固める，84の絵を使った丁寧な文法解説．（2色刷）
Ａ5判 292頁　定価3080円（本体2800円）

絵でわかる韓国語のオノマトペ
◎表現が広がる擬声語・擬態語　辛昭静 著
にぎやかな音のニュアンスを楽しく学ぼう．音声無料ダウンロード有り．
四六判 150頁　定価2420円（本体2200円）

絵でわかる韓国語の体の慣用表現
辛昭静 著
一歩先の韓国語を身につけてみませんか．
四六判 210頁　定価2420円（本体2200円）

Ｅメールの韓国語
白宣基，金南听 著
ハングルの入力方法から，様々な場面における文例と関連表現まで．
Ａ5判 185頁　定価2090円（本体1900円）

韓国語発音クリニック [新版]
前田真彦 著
初級者にも中級者にも目からウロコの特効薬が満載！　音声無料ダウンロード有り．
Ａ5判 161頁　定価2200円（本体2000円）

通訳メソッドできたえる中級韓国語
前田真彦 著
コミュニケーションの力を着実にアップ！
音声無料ダウンロード有り．【ＣＤ付】
A5判 167頁　定価2640円（本体2400円）

韓国語 まる覚えキーフレーズ40
張銀英 著　【ＣＤ付】
キーフレーズのまる覚えではじめる会話練習．音声アプリ有り．（2色刷）
四六判 119頁　定価2090円（本体1900円）

韓国語形容詞強化ハンドブック
今井久美雄 著
韓国語の形容詞のすべてがここに．音声無料ダウンロード有り．
四六判 287頁　定価2860円（本体2600円）

ステップアップのための韓国語基本文型トレーニング
チョ・ヒチョル，チョン・ソヒ 著
基礎を固め中級へアップ．（2色刷）
A5判 176頁　定価2420円（本体2200円）

中級韓国語単語練習帳
◎ハン検3級準2級 TOPIK 中級
金京子，神農朋子 著
待望の中級編！　2880語収録．音声無料ダウンロード有り．
四六判 374頁　定価2860円（本体2600円）

韓国語能力試験 TOPIK II作文対策講座
吉川寿子，キム・テウン 著
対策が難しい作文を，親身な指導で得点源に！
A5判 167頁　定価2310円（本体2100円）

重版にあたり，価格が変更になることがありますので，ご了承ください．

◆ 会話に役立つフレーズ ◆ ▶98

◇ 話の切り出し

있잖아요	あの……
왜냐하면	なぜなら
예를 들면	たとえば
한마디로 말하면	ひとことで言うと
말하자면	要するに
그래서 그런지	どうりで
그건 그렇고	それはそうと
제 생각에는	私が思うには

◇ あいづち

그래요?	そうなんですか？
그래서 그렇구나.	なるほどね。
안 그래요?	そう思いませんか？
하긴 그러네요.	その通りですね。
그럴까요?	そうかな〜？
그럼요.	もちろんですよ。
안 그래요.	そんなことないですよ。
진짜예요?	本当ですか？
세상에!	信じられない！
몰랐어요.	知りませんでした。
대단하다!	大したもんだ！
잠깐만요.	ちょっとすみません。
됐어요.	もういいです。大丈夫です。
왜 그러세요?	どうされたんですか。
기가 막혀!	あきれた！

◇ とっさのひとこと

도둑이야!　どろぼう！

불이야!　火事だ！

안 돼요.　だめです．

그만 하세요!　やめてください！

사람 살려!　たすけて！

저런 저런!　あれ、まあ！

큰일 났다!　大変だ！

정신 차려~!　しっかりして！